知的生活習慣が身につく

学級経営ワークシート

11ヶ月+α

1・2年

［監修］谷　和樹

［編著］尾川智子

☀学芸みらい社
GAKUGEI MIRAISHA

教科書のない学級経営に "プロの暗黙知" を

谷　和樹

なぜか学級経営が上手な先生がいます。

荒れたクラスでも、その先生が担任をすると嘘のように落ち着きます。

魔法のように見えますが、もちろん魔法ではありません。

その先生に力があるから落ち着くのです。

そうした「教師の力量」には、たくさんの要素があります。

要素の中には、すぐにマネできるものもありますが、見えにくいものもあります。

当然、見えにくい要素のほうが大切です。

見えにくくてマネしにくい要素を、その先生の

暗黙知

と呼んだりします。

マネすることが難しいから「暗黙知」なのですが、ある程度は言葉にして伝えることもできます。

そのごく一部でもマネすることができたらいいなと思いませんか？

そうした「暗黙知」をできるだけ目にみえるようにしたのが、本シリーズの「ワークシート」です。

ワークシートには、例えば次のようなことが含まれています。

1　何を教えるのか。

2　いつ教えるのか。

3　どのように教えるのか。

　1）どんな言葉で伝えるのか。

　2）どんな順序で伝えるのか。

4　子どもたちはどんな活動をするのか。

　1）なぞらせるのか。

　2）選ばせるのか。

　3）書かせるのか。

5　どのように協力させるのか。

6　どのくらい継続させるのか。

7　どのように振り返らせるのか。

これらを、適切な内容で、適切な時期に、効果的な方法で、ほとんど直感的に指導できるのが教師の実力です。

とりわけ、学級経営には教科の指導と違って「教科書」がありません。

そうした力を身につけるためには、まずはこうしたワークシートを教科書がわりにして、教室で実際に使ってみることが第一歩です。

ワークシートに表現されている内容は、実力のあるベテラン教師の方法そのものだからです。

多くの先生方が、本シリーズのワークシートを活用され、楽しい学級経営をしてくださることを願っています。

本書の使い方

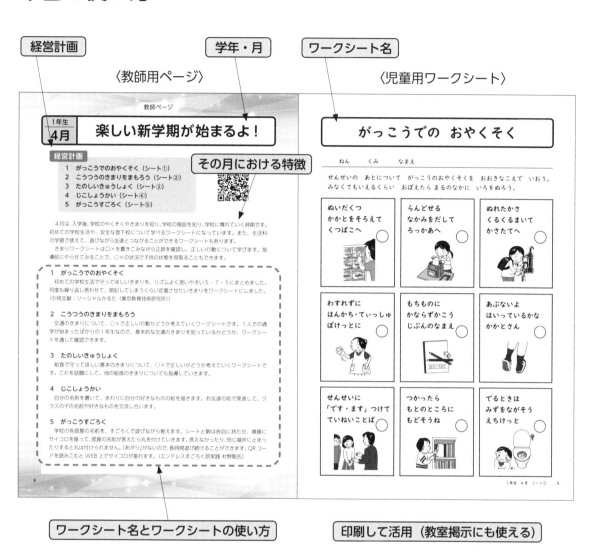

経営計画 ── 学年・月 ── ワークシート名

〈教師用ページ〉　　　　　　　　〈児童用ワークシート〉

その月における特徴

ワークシート名とワークシートの使い方

印刷して活用（教室掲示にも使える）

　毎月、教師用のページと児童用のワークシート5枚があります。すべて使う必要はありません。学校によって行事も違うので、月ごとになっていますが、その月ではなく自分の学校に合ったもの、子供たちに合ったものをお使いください。

　「ワークシート名とワークシートの使い方」では、（教室掲示）（子供記入後の活用）と記載してあるものがあります。教室掲示や評価にお使いいただけます。

　ワークシートには、QRコードが付いているものもあります。QRコードを読み込むと、Webアプリが起動して使えるものや電子ワークシートとしてお使いいただけるものがあります。

　なお、本書に掲載のワークシートは、B5判で作成されています。このままコピーしてもお使いいただけますが、A4判（115％）やB4判（141％）などに拡大すると、記述するスペースが広くなり、より快適にお使いいただけます。

尾川智子

目　次

1年生 の学級経営ワークシート

4月　楽しい新学期が始まるよ！

5月　学級のことについて知ろう！

6月　自分で自分を守ろう！

7月　楽しいことを企画しよう！

9月　自分で決めよう、確かめよう！

2年生 の学級経営ワークシート

1年生 4月 — 楽しい新学期が始まるよ！

経営計画

1　がっこうでのおやくそく（シート①）
2　こうつうのきまりをまもろう（シート②）
3　たのしいきゅうしょく（シート③）
4　じこしょうかい（シート④）
5　がっこうすごろく（シート⑤）

　4月は、入学後、学校のやくそくやきまりを知り、学校の施設を知り、学校に慣れていく時期です。初めての学校生活や、安全な登下校について学べるワークシートになっています。また、生活科の学習で使えて、遊びながら友達とつながることができるワークシートもあります。

　きまりワークシートは〇×を書きこみながら正誤を確認し、正しい行動について学びます。指導前にやらせてみることで、〇×の状況で子供の状態を見取ることもできます。

1　がっこうでのおやくそく

　初めての学校生活で守ってほしいきまりを、リズムよく言いやすい5・7・5にまとめました。何度も繰り返し言わせて、暗記してしまうくらい定着させたいきまりをワークシートにしました。（引用文献：ソーシャルかるた〈東京教育技術研究所〉）

2　こうつうのきまりをまもろう

　交通のきまりについて、〇×で正しい行動かどうか考えていくワークシートです。1人での通学が始まったばかりの1年生なので、基本的な交通のきまりを知っているかどうか、ワークシートを通して確認できます。

3　たのしいきゅうしょく

　給食で守ってほしい基本のきまりについて、〇×で正しいかどうか考えていくワークシートです。これを話題にして、他の給食のきまりについても指導していきます。

4　じこしょうかい

　自分の名前を書いて、まわりに自分の好きなものの絵を描きます。お友達の前で発表して、クラスの子の名前や好きなものを交流し合います。

5　がっこうすごろく

　学校の各部屋の名前を、すごろくで遊びながら覚えます。シートと駒は各自に持たせ、順番にサイコロを振って、部屋の名前が言えたら丸を付けていきます。言えなかったり、同じ場所に止まったりすると丸は付けられません。「あがり」がないので、長時間遊び続けることができます。QRコードを読みこむとWEB上でサイコロが振れます。（エンドレスすごろく原実践 村野聡氏）

がっこうでの おやくそく

ねん　　　くみ　　　なまえ

せんせいの　あとについて　がっこうのおやくそくを　おおきなこえで　いおう。
みなくてもいえるくらい　おぼえたら まるのなかに　いろをぬろう。

ぬいだくつ
かかとをそろえて
くつばこへ　　　　◯

らんどせる
なかみをだして
ろっかあへ　　　　◯

ぬれたかさ
くるくるまいて
かさたてへ　　　　◯

わすれずに
はんかち・てぃっしゅ
ぽけっとに　　　　◯

もちものに
かならずかこう
じぶんのなまえ　　◯

あぶないよ
はいっているかな
かかとさん　　　　◯

せんせいに
「です・ます」つけて
ていねいことば　　◯

つかったら
もとのところに
もどそうね　　　　◯

でるときは
みずをながそう
えちけっと　　　　◯

こうつうの きまりをまもろう

ねん　　くみ　　なまえ

　あんぜんにきをつけていることには〇を、あぶないことには×を、
（　　　）にかきましょう。

①（　　　　　）
きめられたみちを
あるく。

②（　　　　　）
とまって　みぎ・ひだ
りを　たしかめてから
わたる。

③（　　　　　）
どうろに　とびだす。

④（　　　　　）
ほどうでなく、しゃどう
うをあるく。

⑤（　　　　　）
てを　あげて　わたる。

⑥（　　　　　）
しらないひととはなす。

⑦（　　　　　）
みちで　よこにならん
で　あるく。

⑧（　　　　　）
かさでまえがみえない
まま　あるく。

⑨（　　　　　）
げんきに　あいさつす
る。

たのしいきゅうしょく

ねん　　くみ　　なまえ

きゅうしょくのただしいきまりには〇を、まちがったきまりには×を
（　　　）にかきましょう。

---

①つくえはどっち？
　（　　　）　　　　　（　　　）
　きれいなつくえ　　きたないつくえ

---

②おてては　どっち？
　（　　　）　　　　　（　　　）
　きたない　て　　　きれいな　て

---

③まつしせいは　どっち？
　（　　　）　　　（　　　）
　はしりまわる　　こしかけて　まつ

---

④もつばしょは　どっち？
　（　　　）　　　　　（　　　）
　はじっこを　もつ　まんなかを　もつ

---

⑤きらいなものが　でたら？
　（　　　）　　　　（　　　）
　ちょっとだけ　　　ぜんぶ
　たべてみる　　　　のこす

---

⑥こぼした　ときは？
　（　　　）　　　　　（　　　）
　しらんぷりして　　　じぶんで
　ほっとく　　　　　　ふく

じこしょうかい

ねん　　くみ　　なまえ
_____

　じぶんの　なまえを　［　　　　　　］　のなかに　かこう。まわりには　じぶんの　すきなもののえをかこう。

がっこうすごろく

ねん　　くみ　　　なまえ

　ひとり１まい　このかあどをもって、けしごむなど、こまを「すたあと」におこう。さいころをふって　とまったところのばしょのなまえをいったら　まるをつけよう。（おなじところに　２かいとまっても　まるはつかないよ）　いちばん　たくさん　まるがついたひとが　かちです。

WEB サイコロ

〇が（　　　　　）こ　ついたよ

1年生 5月 学級のことについて知ろう！

経営計画

1　とうばん・かかりのしごと（シート①）
2　かずをかぞえよう（シート②）
3　よいところみつけ－5月（シート③）
4　なぞってみよう（シート④）
5　みんなであそぼう（シート⑤）

　5月は、入学から1か月経ち、学校にだんだん慣れて来る時期です。最初の緊張が解け、そろそろ地が出て来てトラブルが増える頃でもあります。当番や係の活動を徐々に始め、「学級のみんなのために働く」という経験をさせていきます。

　数を数えたり、文字を書く練習の準備段階としたりして、いろいろな線をなぞる経験もさせます。みんな遊びも経験させ、みんなで遊ぶ楽しさを味わわせます。

1　とうばん・かかりのしごと

　当番と係の違いを明確にし、まずは「毎日やる仕事で、やらないと困る」当番を先に体験させ、その後慣れてきたら、「なくてもいいけどあると楽しい」係活動を徐々にやり方を教えながら経験させていきます。係活動を始めると、児童の創意工夫が生かされ、学校生活がさらに豊かになっていきます。

2　かずをかぞえよう

　教室にあるものを数える活動です。1人で数えても、友達と数えてもいいです。もう数字の書き方を習っている場合は、空白部分に数字を書かせてもいいです。

3　よいところみつけ－5月

　必ず全員がよいところを見つけて伝えてもらえるように、「お隣→班の人→クラスの人」というスモールステップで進めます。最初にお隣を書かせた時に一度チェックし、「相手が嬉しくない言葉」を書いている子がいないかチェックします。5月なので、まだひらがなが書けない子は「つたえたよ」チェックだけをさせます。

4　なぞってみよう

　直線の練習ワークシートです。たてと横、そして円の練習と1枚で3種類の運筆が練習できます。たて線は「雨を降らせてあげて」、横線は「道路を書いてあげよう」とイメージさせます。

5　みんなであそぼう

　最初は教師主導でみんな遊びをします。やりたい遊びや回数、いつの休み時間にやりたいかなどは、できる限り子供たちの声を聞きながら決め、しばらくは〇曜日は〇〇と固定で遊びます。慣れてきたら不満を聞いて、ルールを修正します。さらに、みんな遊びから班遊びに移行し、少人数で、自分たちで遊びを進める経験も徐々にさせていきます。

とうばん・かかりのしごと

ねん　　くみ　　なまえ

とうばんと　かかりのちがいを　しろう。わかったら、うすいじをなぞろう。

「まいにち」やる　おしごとで、「やらないとこまる」おしごと

とうばん

※きゅうしょくとうばん・そうじとうばん

こんなとうばんが　あるよ

- こくばんけし
- じかんわり
- ひづけ
- はじめのあいさつ
- おわりのあいさつ
- きゅうしょくのあいさつ
- でんき
- まど
- かあてん
- くばり
- せいりせいとん
- せんせいおてつだい

やってみたいとうばん

「やらなくてもいい」けど、「あるとみんながたのしい」おしごと

かかり

こんなかかりが　あるよ

- あそび
- おえかき
- ぬりえ
- おりがみ
- かざり
- あやとり
- けんだま
- ぴあの
- うた
- おんがく
- ぱそこん
- こうさく
- おにごっこ
- えほん
- おいわい
- おたすけ
- むしとり
- いきもの
- はるをさがそう
- べんきょう
- さっかあ
- ばすけっと
- ばれえ
- かくれんぼ
- とらんぷ

やってみたいかかり

かずをかぞえよう

ねん　　くみ　　なまえ

　きょうしつにある　いろいろなもののかずをかぞえて　まるのなかにいろをぬろう。ひとりでかぞえても、ともだちとかぞえてもいいよ。

①とけい

②こくばんけし

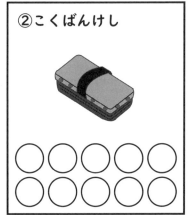

③ちょうく

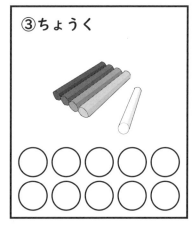

④ほうき

⑤ちりとり

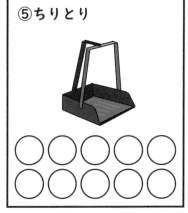

⑥ごみばこ

⑦ふでばこのなかの
　えんぴつ

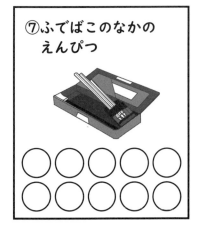

⑧どあ

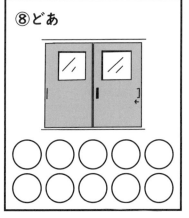

⑨えんぴつけずり

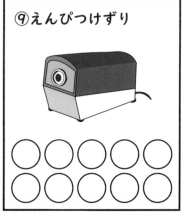

よいところみつけ－5月

ねん　　くみ　　なまえ

くらすの　おともだちのよいところをさがして　あいてにつたえてみよう。

①おとなりのひとの　よいところ→　　　　　　　　　　　　　さん

つたえたよ

やさしい・ものしり・おもしろい・げんき・まじめ・あかるい・すなお・じがきれい
いつもえがお・わすれものをしない・じゅんびがはやい・あいさつがじょうず・
すききらいがない・つくえのなかがきれい・しせいがいい・がまんづよい
そうじじょうず・あしがはやい・けいさんがはやい・○○じょうず・○○がとくい

②ちかくのひとの　よいところ→

　　　　　　　　さん　　　　　　　　　　さん　　　　　　　　　　さん

つたえたよ　　　　　　　　つたえたよ　　　　　　　　つたえたよ

③くらすのひとの　よいところ→　　　　　　　　　　　　さん

つたえたよ

なぞってみよう

ねん　　くみ　　なまえ

①〜⑩を　なぞりましょう。

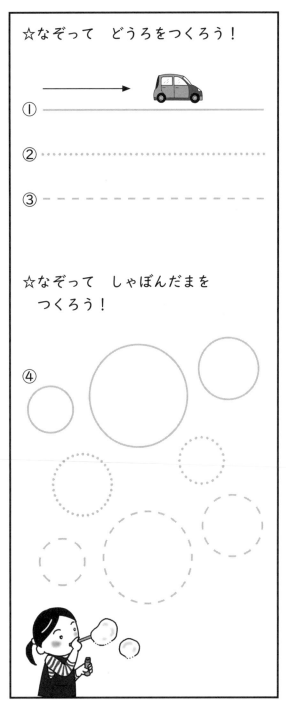

☆なぞって　どうろをつくろう！

①

②

③

☆なぞって　しゃぼんだまを
　つくろう！

④

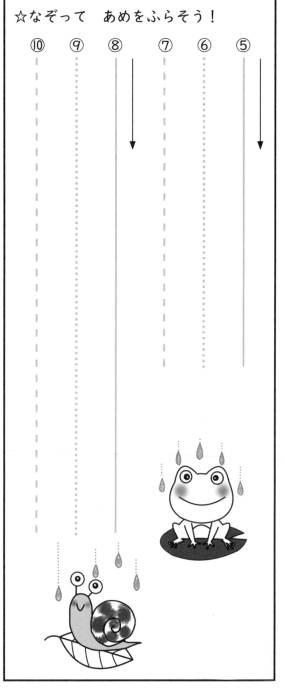

☆なぞって　あめをふらそう！

⑩　　⑨　　⑧　　⑦　　⑥　　⑤

みんなであそぼう

ねん　　くみ　　なまえ

みんなあそびで　たのしくあそぼう！

どのあそびをしたいかな？

- ・おにごっこ
- ・こおりおに
- ・どんじゃんけん
- ・ころがしどっじ
- ・ばくだんげえむ
- ・はんかちおとし
- ・じゃんけんれっしゃ

- ・けいどろ（どろけい）
- ・だるまさんがころんだ
- ・たけのこにょっき
- ・かくれんぼ
- ・りいだあをさがせ
- ・でんごんげえむ
- ・しんぶんしじゃんけん

- ・いすとりげえむ
- ・ふるうつばすけっと
- ・なんでもばすけっと
- ・しっぽとりげえむ
- ・だいこんぬき
- ・じぇすちゃあげえむ
- ・もうじゅうがりにいこう

しゅうに　なんかい　あそびたい？

いつ　あそびたい？

[　　　] ようび [　　　] やすみ

[　　　　　　　] であそぶよ

あそんでみてどう？
〇をつけてね

たのしかった

ふつう

たのしくなかった

<table>
<tr><td>1年生
6月</td><td># 自分で自分を守ろう！</td></tr>
</table>

経営計画

1　ひなんくんれん（シート①）
2　はみがきしよう（シート②）
3　はなをさがそう（シート③）
4　むしをさがそう（シート④）
5　はなむしびんごゲーム（シート⑤）

　1年生の6月は、学校生活にも慣れてきます。シートはなぞってポイントを理解する作りにしました。「ひなんくんれん」では、地震、火事、不審者訓練で必要な知識をイラストを見ながらなぞることができます。「はみがきしよう」では1週間できるように7個の菌を退治します。はなやむし探しでは、簡単なイラストと名前を書くようにしました。

1　ひなんくんれん

　地震・火事・不審者の訓練で、大切なポイントを学ぶことができます。まずは番号を押さえ、子供と一緒に音読します。地震の①〜③まで読み終わったら、「なぞってごらんなさい」と子供に指示をします。同じように「火事の避難」、「不審者訓練」まで行います。

2　はみがきしよう

　「はみがきをやっただけ、ばい菌をやっつける」という設定になっています。1日ごとに1つのばい菌を退治します。うすい線をなぞるというやさしい作りにしています。QRコードを読み込めば、Google Jamboard を使うこともできます。同じやり方で、ばい菌をやっつけます。全部で7日間ばい菌をやっつけて、完成を目指します。

3　はなをさがそう

　学校探検で使うワークシートをイメージしました。種類は色でくくりました。色という観点から、子供たちに自然の花に親しみをもってほしいです。「すきなはな」や「スペシャルなはな」は、子供が見つけたものだったらなんでもありです。

4　むしをさがそう

　学校や公園にいる虫を探すワークシートです。こちらも花と同様に、色という観点で、子供たちに探させます。「すきなむし」や「スペシャルなむし」は、子供が見つけたものだったらなんでもありです。

5　はなむしびんごゲーム

　3「はなをさがそう」4「むしをさがそう」の応用編です。真ん中は、始めから抜けているという考えです。どれか1つでも直線が揃えば、ビンゴです。最後に「たのしかったこと、おもったこと」を書くスペースを作り、子供が振り返る時間を作りました。

ひなんくんれん

ねん　　くみ　　なまえ

うすいじをなぞろう。

| じしんのひなん

①まどからはなれる　②あたまをまもる　③つくえのしたにかくれる

2 かじのひなん

①はなとくちをおおう　②ひくいしせい　③けむりをすわない

3 ふしんしゃくんれん

①あつまる　②どあからはなれる　③しんこきゅう

はみがき しよう

ねん　　くみ　　なまえ

①はみがきがおわったら、１にちに１つのおりのせんをなぞりましょう。
②ばいきんさんをおりにとじこめよう！

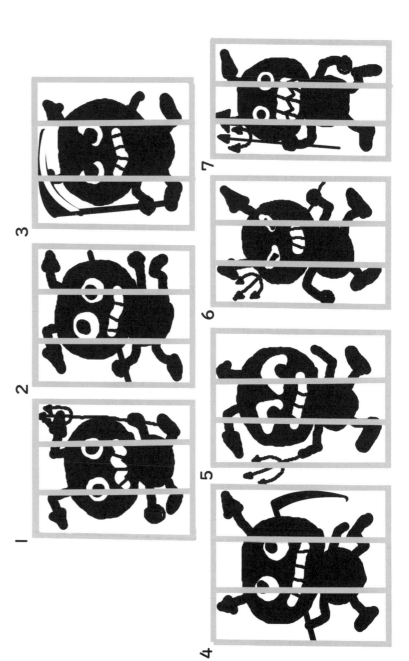

はなをさがそう

ねん　　くみ　　なまえ

・はなをさがそう！
・みつけたはなのえとなまえをかこう！

1　あかいはな	2　きいろいはな	3　あおいはな
はなのなまえ	はなのなまえ	はなのなまえ
4　しろいはな	5　すきなはな	6　すぺしゃるなはな
はなのなまえ	はなのなまえ	はなのなまえ

きづいたこと

むしをさがそう

ねん　　くみ　　なまえ

・むしをさがそう！
・みつけたむしのえとなまえをかこう！

1　あかいむし	2　くろいむし	3　みどりのむし
むしのなまえ	むしのなまえ	むしのなまえ

4　しろいむし	5　すきなむし	6　すぺしゃるなむし
むしのなまえ	むしのなまえ	むしのなまえ

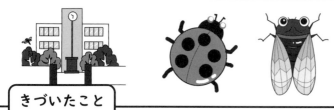

きづいたこと

はなむし びんごゲーム

ねん　　くみ　　なまえ

・むしやはなをさがそう！
・みつけたはなとむしのえとなまえをかこう！
・「たて」「よこ」「ななめ」のどれかひとつそろったら
　「びんご！」といいます。

1　あかいむし	2　くろいむし	3　みどりのむし
むしのなまえ	むしのなまえ	むしのなまえ

4　しろいむし		5　くろいむし
むしのなまえ		むしのなまえ

6　きいろいはな	7　あおいはな	8　すぺしゃるなむし
はなのなまえ	はなのなまえ	むしのなまえ

たのしかったこと、おもったこと

楽しいことを企画しよう!

1年生 7月

経営計画

1 あさがおしらべ (シート①)
2 あいさつのはなをさかせよう (シート②)
3 なつやすみのせいかつ (シート③)
4 せいとんめいじんになろう (シート④)
5 おたのしみかい (シート⑤)

　小学校で初めての夏休みを控えた7月。小学校生活にも慣れて、今一度身の回りの生活を見直すのによい時期です。まとめの時期の活動が楽しくなるようなワークシートになっています。①〜④のワークシートは、わかりやすい達成目標と、目で見て達成状況がわかるように、色を塗って振り返りができるようになっています。

1　あさがおしらべ

　アサガオが咲く時期になりました。アサガオが咲いた数だけ花に好きな色を塗り、日付を記録できます。最後に、感想や気づいたことを書くことができるようになっています。色を塗ることで楽しく観察に取り組めます。

2　あいさつのはなをさかせよう

　よいあいさつのポイントを学習した後に、あいさつの花をさかせようの活動に取り組みます。わかりやすく絞った3つのめあてのうち、1日に1つ達成できたら1ます塗ることができます。1日に最大3ます色を塗ることができ、楽しくあいさつチャレンジができます。

3　なつやすみのせいかつ

　初めての夏休みに入ります。夏休みに特に頑張りたいことを決めて、できたら色を塗ります。1年生なので、できたら色を塗るようになっていますが、「6時に起きる」「20分勉強する」などの具体的な目標をお家の人と相談するのもいいですね。

4　せいとんめいじんになろう

　イラストを見て、よりよい整理整頓について学級で話し合います。その後、靴揃え、引き出しやロッカーの整頓を実際に体験するといいでしょう。全体指導をした後は、自分で整理整頓ができたら色を塗り、全部色を塗ったらシールを貼ったり、色を塗ったりして整理整頓名人に認定です。

5　おたのしみかい

　1年生でも盛り上がる楽しいゲームにみんなで挑戦します。ワークシートには、ゲームの記録を書きます。新聞紙やサイコロ、タイマーを用意して、「の」の字探しやサイコロ「1」出しにチャレンジができます。初めは1分間でやってみましょう。

あさがおしらべ

ねん　　くみ　　なまえ

◎はながさいたかずだけ　いろをぬろう。

にち	にち	にち	にち	にち

にち	にち	にち	にち	にち

かんそう・きづいたこと

あいさつのはなをさかせよう

ねん　　くみ　　なまえ

◎１つできたら　１ますぬりましょう。

①じぶんから　あいさつを　した。
②あいさつを　かえしてもらった。
③１にちに　５かい　あいさつをした。

なつやすみのせいかつ

ねん　　くみ　　　なまえ

①なつやすみにがんばりたいことに　○をつけよう。

　　　　はやね・はやおき　　　べんきょう

　　　　うんどう・たいそう　　おてつだい

②できたひは　○に　いろをぬろう。

はやね・はやおき

○○○○○○○○○
○○○○○○○○○

べんきょう

○○○○○○○○○
○○○○○○○○○

うんどう・たいそう

○○○○○○○○○
○○○○○○○○○

おてつだい

○○○○○○○○○
○○○○○○○○○

せいとんめいじんになろう

ねん　　くみ　　なまえ

◎いいのは　どれかな？　□に〇か×をつけましょう。

①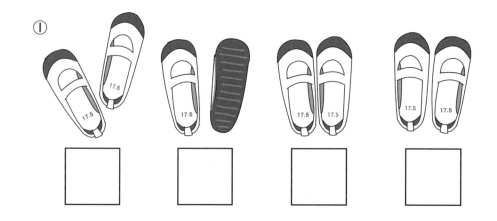

□　□　□　□

② 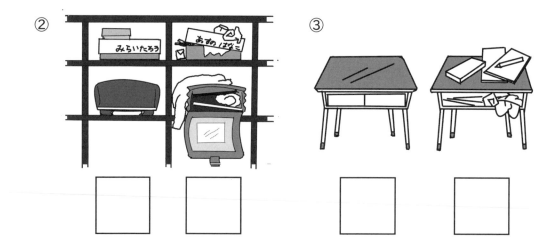　③

□　□　　　　□　□

◎せいとんめいじんにチャレンジ！できたらいろをぬろう！

せいとん
めいじん

おたのしみかい

ねん　　　くみ　　　なまえ

①かたあしだちチャレンジ！

できるひとは　めを つむって みよう！　あしが ゆかに
ついたら　だめだよ。

1かいめ

2かいめ

3かいめ

②「の」のじ　さがし！

しんぶんしから　「の」のじを
みつけたら　〇をつけよう！
いくつみつかるかな？

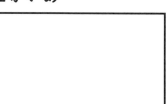

こ　みつけた！

③さいころ「1」だし

1ぷんかんで　なんかい
「1」をだせるかな？

かい

ふりかえり

たのしくなかった

たのしかった

とてもたのしかった

1年生 9月 | 自分で決めよう、確かめよう！

経営計画

1　2がっきのめあて（シート①）
2　かかりのしごと－9月（シート②）
3　がっこうのルール（シート③）
4　わすれものをなくそう（シート④）
5　おんどくチャンピオン（シート⑤）

　9月は、夏休みが明けて、新たな学習や生活が始まる月です。2学期の始まりに、目標を決めたり、ルールを確かめたりするワークシートになっています。新たな目標やルールを明確にして、よいスタートを切るきっかけにしたいです。
　すべてのワークシートには、にこちゃんマークがあり、色を塗って自己評価します。

1　2がっきのめあて（教室掲示）

　2学期の始まりにあたって、めあてを書きます。
　めあてが達成できたら、にこちゃんマークに好きな色を塗って自己評価します。
　最後に、感想を書きます。ワークシートは、教室背面に掲示するのもいいでしょう。

2　かかりのしごと－9月（子供記入後の活用）

　係を決めて、自分の仕事を書きます。
　いつ・何をするのかを書いて、仕事ができたらにこちゃんマークに好きな色を塗って自己評価します。QRコードを読み込んで、フォームで回答・集計することもできます。

3　がっこうのルール（教室掲示）

　2学期の始まりにあたって、学校のルールを確かめます。
　ルールを守れたら、にこちゃんマークに好きな色を塗って自己評価します。
　最後に、感想を書きます。ワークシートは、教室背面に掲示するのもいいでしょう。

4　わすれものをなくそう

　夏休み明け、忘れ物をしないように意識するきっかけを作ります。
　「忘れ物をしなかった日数」を数えます。忘れ物をしなかったら、にこちゃんマークに好きな色を塗って自己評価します。

5　おんどくチャンピオン

　1回音読したら、1から順に好きな色を塗っていきます。個数によって、にこちゃんマークを塗って自己評価します。

2がっきのめあて

ねん　　くみ　　なまえ

◎がんばること

〈べんきょうで〉

〈あそびで〉

◎がんばることができましたか？
　あうものにいろをぬりましょう。

:-(	:-)	:-D
すこしがんばった	がんばった	よくがんばった

◎かんそうをかきましょう。

かかりのしごと－9月

◎かかりのしごとについて

〈かかりのなまえ（え）〉

〈いつ〉

〈なにを〉

◎がんばることができたかな？
　あうものにいろをぬりましょう。

すこしがんばった

がんばった

よくがんばった

がっこうのルール

ねん　　くみ　　なまえ

◎ まもりたいルール

〈じぶんで〉

〈ともだちと〉

◎ がんばることができましたか？
　あうものにいろをぬりましょう。

すこしがんばった　　　がんばった　　　よくがんばった

◎ かんそうをかきましょう。

わすれものをなくそう

ねん　　くみ　　なまえ

◎わすれものをしませんでしたか？
　しなかった日をかぞえて、ぬりましょう。

1	2	3	4	5	6	7	8	9	10
☺	☺	☺	☺	☺	☺	☺	☺	☺	

11	12	13	14	15	16	17	18	19	20
☺	☺	☺	☺	☺	☺	☺	☺	☺	

※ 10 かいめと 20 かいめは、すきなキャラクターをかきましょう。

◎かんそうをかきましょう。

　　　　　　　　　　　　　　　　　　　　　　　　1年生　9月　シート④

おんどくチャンピオン

ねん　　くみ　　なまえ

◎ 1かいおんどくをしたら、いろをぬりましょう。

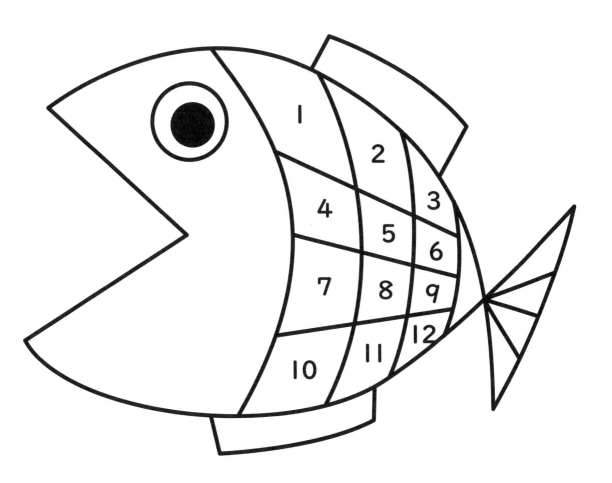

3こぬれた

6こぬれた

9こよりおおくぬれた

1年生 10月　がんばろう・ありがとう

経営計画

1　うんどうかいでがんばろう（シート①）
2　よいところみつけ－10月（シート②）
3　むかしのあそび（シート③）
4　ひらがなゲット（シート④）
5　ありがとうあつめ（シート⑤）

　10月は、運動会や感謝の集いがある月です。がんばることや感謝をすることのワークシートになっています。また、生活科の学習やゲーム性のあるもので、友達とつながることができるワークシートもあります。
　すべてのワークシートには、にこちゃんマークがあり、色を塗って自己評価します。

1　うんどうかいでがんばろう（教室掲示）

　運動会前に、がんばりたいことを書きます。
　運動会が終わったら、にこちゃんマークに好きな色を塗って自己評価します。
　最後に、感想を書きます。ワークシートは、教室背面に掲示するのもいいでしょう。

2　よいところみつけ－10月（子供記入後の活用）

　5月に行った「よいところみつけ」の2回目です。だれのどんなところがよかったかを書きます。書けた人数によって、自己評価するワークシートになっています。記入後に、読み上げたり、印刷したりして活用することができます。

3　むかしのあそび

　生活科で、昔遊びを行います。そのために、どんな昔遊びがあるのかを調べておきます。1人1台端末があるため、QRコードを読み込んで端末で調べることができます。
　最後に、にこちゃんマークに好きな色を塗って自己評価します。

4　ひらがなゲット

　五十音図を使って言葉を作ります。使ったひらがなに色を塗り、たくさん塗ることを目指すワークシートです。「だ」の場合は、「た」に色を塗るように指示します。2人で対戦もできます。1人が赤、ほかの1人が青で言葉を見つけたら色を塗ります。交代にやっていき、多い方が勝ちになります。
（参考　小野学級参観記　特別支援学級編）

5　ありがとうあつめ

　「ありがとう。」と伝えることができたら、1から順に好きな色を塗っていきます。個数によって、にこちゃんマークを塗って自己評価します。

うんどうかいでがんばろう

ねん　　くみ　　なまえ

◎がんばること

◎がんばることができたかな？
　あうものにいろをぬりましょう。

☺	☺	☺
すこしがんばった	がんばった	よくがんばった

◎かんそうをかきましょう。

よいところみつけー10月

ねん　　くみ　　なまえ

◎よいところをかきましょう。

だれ：

よいところ：

ひとりにかいた　　　　　ふたりにかいた　　　　　3にんにかいた

◎かんそうをかきましょう。

むかしのあそび

ねん　　くみ　　なまえ
_____

◎むかしのあそびをみつけましょう。

れい　けんだま

▲
ごっこランド
Times の HP

①

②

③

1こみつけた

2こみつけた

3こみつけた

ひらがなゲット

ねん　　くみ　　なまえ

ん	わ	ら	や	ま	は	な	た	さ	か	あ
		り		み	ひ	に	ち	し	き	い
		る	ゆ	む	ふ	ぬ	つ	す	く	う
		れ		め	へ	ね	て	せ	け	え
	を	ろ	よ	も	ほ	の	と	そ	こ	お

◎「あり」のように、とんでいてもオーケーです。

◎ことばをみつけたら、いろをぬりましょう。
　ぜんぶぬれたら、スーパー１ねんせい！

◎ふたりでコース……じゃんけんでかったほうから、ことばを
　みつけていろをぬりましょう。おおいほうがかちです。

３こぬれた

６こぬれた

９こよりおおくぬれた

ありがとうあつめ

ねん　　くみ　　なまえ

◎ありがとうをつたえたら、いろをぬりましょう。

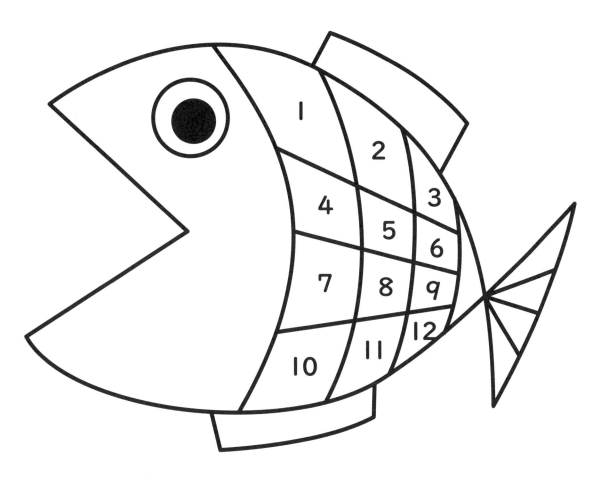

3こぬれた

6こぬれた

9こよりおおくぬれた

生活を見直そう！

経営計画

1　ほんをよもう（シート①）
2　あきあつめビンゴ（シート②）
3　がっこうせいかつをふりかえろう（シート③）
4　しをつくってみよう（シート④）
5　むかしのあそびビンゴ（シート⑤）

　11月は、1年間の半分が過ぎ、生活を振り返る月です。がんばりや授業での学びを表すワークシートになっています。また、生活科の学習やゲーム性のあるもので、友達とつながることができるワークシートもあります。

1　ほんをよもう（教室掲示）

　1か月で何冊本を読んだのか記録します。「ものがたり」「ずかん」「まんが」「そのほか」の本をそれぞれ3冊読んだら、「スタートレベル」。7冊読んだら、「スーパーレベル」。
　10冊以上読んだら、「マスターレベル」です。

2　あきあつめビンゴ

　学校や公園に行って、秋のものを集めます。ビンゴにある「黄色いもの」や「丸いもの」などを見つけて、〇をして、何ビンゴだったか記録します。　　　　　　　　（参考実践　紫前明子氏）

3　がっこうせいかつをふりかえろう（ファイル化）

　これまでの学校生活を振り返って、三段階で自己評価します。自己評価することで、子供の自覚を高めることができます。学期に1枚やることで、自分の成長を振り返ることも可能です。
　　　　　　　　　　　　　　　　　　　　　　　　　　（参考　向山洋一氏　第二通知表）

4　しをつくってみよう

　「かたつむりのゆめ」（『のはらうた』くどうなおこ著）をもとにして、自分で詩を作ります。選択肢から選んで詩を完成させます。QRコードを読み込んでJamboardでもチャレンジさせてみてください。（TOSSランド「こえに 出して よもう「かたつむりの ゆめ」（村野聡先生の修正追試）」三浦よう子氏）

5　むかしのあそびビンゴ

　生活科で、昔遊びを行います。昔遊びがあるのかを調べて、「むかしあそびビンゴ」に取り組みます。遊んだものに〇をつけ、何ビンゴだったか記録します。

ほんをよもう

ねん　　くみ　　なまえ

1さつよんだら、□をぬろう。（ぜんぶよまなくてもいいよ。）

がつのどくしょきろく

マスターレベル	10				
	9				
	8				
スーパーレベル	7				
	6				
	5				
	4				
スタートレベル	3				
	2				
	1				
どくしょレベル	よんだかず	ものがたり	ずかん	まんが	そのほか

こんげつのおすすめの1さつ

あきあつめビンゴ

あきのものをみつけたら、〇をしよう。
（おうちでみつけてもいいよ）
まんなかには、じぶんでみつけたあきのものをかこう。

オレンジのもの	まるいもの	くっつくもの
あなのあいたはっぱ		あかいもの
きのみ	きいろいもの	とげとげしたもの

ぜんぶで　☐　ビンゴ

がっこうせいかつをふりかえろう

ねん　　くみ　　なまえ

じぶんがよくできていたら◎。できていたら〇。
もうすこしなら△をかこう。

☐ がつ ☐ にち

	◎〇△
1　じゅぎょうちゅう、てをあげましたか？（1にち1かい）	
2　べんきょうしていることで、もっとしらべたことがありますか？	
3　じは、ていねいにかいていますか？	
4　きらいなものをがんばって、すきになったものがありますか？	
5　しゅくだいは、ちゃんとやりましたか？	
6　じゅぎょうちゅう、おしゃべりやいたずらをしませんでしたか？	
7　じゅぎょうのはじまるじかんに、べんきょうのじゅんびをしていますか？	
8　つくえのなか、ロッカーのなかはきれいですか？	
9　かかりのしごとは、まじめにやっていますか？	
10　あいさつをきちんとしていますか？	

これからがんばること（1～10のなかから、ひとつだけえらぼう）

しをつくってみよう

ねん　くみ　なまえ（　　　　　　　　　）

①　　　　　　　　　　　　の　ゆめ

②

ぼく　あのね

ゆめの　なかは　ね

③　　　　　　　　　　のように　④

⑤　　　　　　　　　　だよ

えらんでしをつくろう
いぬ	ねずみ
いぬ　だろう	ねずみ　はない
とり	ピカチュウ
スイスイ	ピリピリ
とくるん	てんきをだすん

むかしのあそびビンゴ

ねん　　くみ　　なまえ

むかしあそびのやりかたをしらべて、あそんでみよう。
あそんだものに、○をしよう。

あやとり	めんこ	たけうま
けんだま	かるた	おはじき
こま	おてだま	おりがみ

ぜんぶで　　　　　ビンゴ

イベントを楽しもう！

1年生 12月

経営計画

1 じぶんでできるよ（シート①）
2 ねんがじょうをかいてみよう（シート②）
3 ふゆやすみのせいかつ（シート③）
4 せいりせいとん（シート④）
5 あんしょうチャンピオン（シート⑤）

　12月は、2学期にできるようになったことを振り返ったり、冬休みに向けて目標を立てる時期です。これまでの学級生活を振り返ったりする、ワークシートになっています。また、生活科の学習やゲーム性のあるもので、友達とつながることができるワークシートもあります。

　ワークシートには、イラストに色を塗って自己評価するものを入れました。タブレットの場合は、コピペして Jamboard で貼り付けます。

1　じぶんでできるよ（教室掲示）

　自分でできるようになったことを書きます。学習でも生活でもできるようになったことをたくさん書くことで、自覚できます。下は簡単なルーブリックになっており、達成度をセルフチェックできます。印刷して教室に掲示することができます。

2　ねんがじょうをかいてみよう（子供記入後の活用）

　年賀状の下書きを書くことのできるシートです。QR コードから YouTube の動画にアクセスすることができます。

3　ふゆやすみのせいかつ

　冬休みの生活は地域や学校によって違いがあります。例として次ページから5つワークシートを掲載しました。ご自身の学校の生活の決まりをもとにお話をされると、わかりやすいです。

4　せいりせいとん

　自分のロッカーの写真を撮って、Google Jamboard に貼り付けます。班の友達と写真を見せ合って、どんな整理の仕方がいいか話し合います。記録として残るので、お手本としてあとで見返すこともできます。

5　あんしょうチャンピオン

　暗唱できた文章の数を自己評価します。先生に聞いてもらっても友達に聞いてもらってもいいことにします。Google Jamboard で王冠に色をつけても、印刷して色鉛筆で色を塗ってもいいです。

じぶんで できるよ

ねん　くみ　なまえ _____

できるように なった ことを かきましょう。

かけた かず チャンピオン　できたら いろを ぬろう

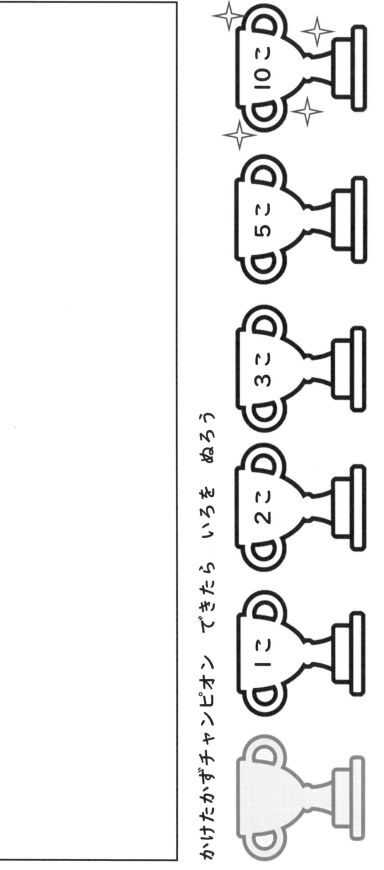

1こ　2こ　3こ　5こ　10こ

ねん　くみ　なまえ

ねんがじょうをかいてみよう

ねんがじょう
キングへのみち

いろをぬろう！

①ねんがじょうを
かいてみた。

②ねんがじょうを
おくった。

③ねんがじょうが
とどいた。

うらもかいてみよう。

①あいてのなまえ

②あいての
ゆうびんばんごう

③あいての
じゅうしょ

④じぶんのなまえ

⑤じぶんの
ゆうびんばんごう

⑥じぶんのじゅうしょ

あてなをかこう。

郵便はがき

どうがを見て、ねんがじょうの ▲
かきかたを学ぼう

ふゆやすみのせいかつ

ねん　くみ　なまえ

ふゆやすみにきをつけたいことをかきましょう。

うんどう

メディア時間

あいさつ

おてつだい

こうつう
あんぜん

はやね
はやおき

れい

せいりせいとん

ねん　　くみ　　なまえ _____

ロッカーの中をどのようにせいりしたらよいだろうか。グループでみんなのロッカーのしゃしんを
アップして、はなしあおう。

ここに アップ	ここに アップ
ここに アップ	ここに アップ
ここに アップ	

かんがえよう

せいりのしかたは
これでいいかな。

いらないものはないかな。

あんしょうチャンピオン

ねん　くみ　なまえ

先生やともだちにきいてもらおう。
あんしょうできたらいろをぬろう！

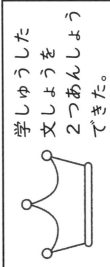

がくしゅうした
文しょうを
10いじょう
あんしょう
できた。

チャンピオン

がくしゅうした
文しょうを
3つあんしょう
できた。

アマチュア

がくしゅうした
文しょうを
5ついじょう
あんしょう
できた。

プロ

がくしゅうした
文しょうを
1つあんしょう
できた。

にゅうもん

がくしゅうした
文しょうを
2つあんしょう
できた。

しょしんしゃ

1年生 1月 気持ちを切り替えよう！

経営計画

1　ことしのもくひょう（シート①）
2　しん1年生ようこそけいかく（シート②）
3　ふゆあそび（シート③）
4　おとしだまのつかいかた（シート④）
5　なぞなぞ・クイズをしよう（シート⑤）

　新しい年を迎える1月は、気持ちを切り替えて新たなことに挑戦するのにピッタリな月です。今年がんばりたいことを考えたり、お兄さん・お姉さんとして新1年生を迎える計画を考えたりしましょう。

1　ことしのもくひょう（教室掲示）

　今年がんばりたいことをワークシートに書いて発表、掲示します。

　がんばりたいことができたかどうか1月末に一度自己評価します。また2月の終わりに自己評価することを伝え、目標を意識できるようにしましょう。

2　しん1年生ようこそけいかく

　この1年間でできるようになったことを新1年生に紹介します。まずはどんなことができるようになったかみんなで話し合い、その中から3つ選びましょう。その中から1年生に発表したいものを1つ選びましょう。

3　ふゆあそび

　生活科で、冬遊びをします。このワークシートをもとに、①どんな冬遊びをしたことがあるか話そう、②みんなでどんな冬遊びをしたいか話そう、③冬遊びをした感想を伝えようという3つの活動をし、自分で評価します。

4　おとしだまのつかいかた

　お年玉の使い道を自分で考えるのも大事な勉強です。それぞれのメリットを子供たちに考えさせた上で、選ばせるようにしましょう。保護者にも趣旨を話し、協力してもらうとよいでしょう。

5　なぞなぞ・クイズをしよう

　自分でなぞなぞ・クイズを考えるのは大人でもむずかしいものです。ここではなぞなぞやクイズをいろいろな方法で「さがす」ことに重点を置いて活動させます。

ことしのもくひょう

年　　くみ　　名まえ

◎ がんばりたいこと

◎ がんばることができたかな？
　あうものにいろをぬりましょう。

1月　　　

　　　すこしがんばった　　　がんばった　　　よくがんばった

2月　　　

　　　すこしがんばった　　　がんばった　　　よくがんばった

しん１年生ようこそけいかく

年　　くみ　　名まえ
_____

◎１年生になってからがんばったことや
　できるようになったことはなんですか？

①

②

③

◎しん１年生にはっぴょうしたいのは、
　①②③のどれですか？

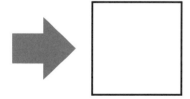

ふゆあそび

年　　くみ　　名まえ

◎できたら○をしましょう。

	★	★★	★★★
①どんなふゆあそびをしましたか？	ともだちに１ついえた ◯	ともだちに２ついえた ◯	みんなにはっぴょうできた ◯
②みんなでどんなふゆあそびをしたいですか？	となりのともだちにいえた ◯	グループの中でいえた ◯	みんなにはっぴょうできた ◯
③みんなでふゆあそびをしたかんそうをつたえましょう。	となりのともだちにいえた ◯	グループの中でいえた ◯	みんなにはっぴょうできた ◯

おとしだまのつかいかた

年　　くみ　　名まえ

◎もらったおとしだまのつかいかたをかんがえよう。

①じぶんのおこづかいにする

②おうちの人にあずける

③ほしいものがあるのでためておく

④ぎんこうにあずけてためておく

◎　①②③④のどれにしますか？

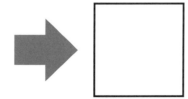 

◎　どうしてですか？
　ちかくの人におはなししましょう。

なぞなぞ・クイズをしよう

年　　くみ　　名まえ
_____

◎おもしろい「なぞなぞ」や「クイズ」をみつけましょう。
◎どうやってさがしますか？

①じぶんのしっているなぞなぞやクイズに
　する

②おうちの人にそうだんする

③としょかんのほんでさがす

④インターネットでけんさくする

◎　①②③④のどれにしますか？

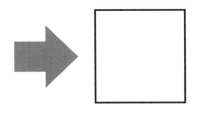　

◎　おもしろいなぞなぞやクイズがみつかりましたか？
　→（はい・いいえ）

1年生 2月 — 成功させよう！

経営計画

1　「1月はっぴょう」をふりかえろう（シート①）
2　6年生をおくるかい（シート②）
3　よいところみつけ－2月（シート③）
4　うんどうをしよう（シート④）
5　なわとびチャンピオン（シート⑤）

　2月は、6年生を送る会の準備や新1年生との交流会、スポーツの記録会など活動が多い月です。そのため、自分で活動の計画を立てたり、がんばったことを自己評価できたりすることができるワークシートを作成しました。ワークシートを活用して、挑戦することへの意欲を高め、うまくできたことの達成感をクラスみんなで共有してください。

1　「1月はっぴょう」をふりかえろう　（教室掲示）

　新1年生に向けて自分が発表したことを振り返ります。様々な事情で新1年生と直接交流できなくても、振り返られるワークシートになっています。
　ワークシートは、振り返り後に、教室背面に掲示するのもいいでしょう。

2　6年生をおくるかい

　6年生を送る会でやりたいことを考える前に、6年生との思い出を3つ書きます。書くことにより、何をしたいか明確になり、話し合うことができます。決まったことを書いた後、自身の話し合いの振り返りをさせて自己評価することができます。

3　よいところみつけ－2月

　自分自身のよいところを、自分で考えた後、友達に聞くことで、自分のよいところが明確になります。今回が3回目のよいところみつけのため、今までによいところを伝えていない子に伝えるようにすることで、友達のよさをたくさん見つけることができます。

4　うんどうをしよう

　教室でも、おうちでもできる運動で、簡単なものから徐々に難しくなるようなワークシートの構成になっています。色々とやってみて、最後は自分自身で運動を考えて取り組めるようになっています。

5　なわとびチャンピオン

　体育の授業では扱わない技を中心に簡単なものから徐々に難しくなるようなワークシートの構成になっています。長なわにもクラスで取り組めるようになっています。

「1月はっぴょう」をふりかえろう

年　　くみ　　名まえ

◎しん1年生に はっぴょうしたことをふりかえりましょう。

①はっぴょうしたこと、とりくんだことをかこう！

②がんばったこと、うれしかったことをかこう！

③ふりかえろう（できたら、にこちゃんマークにいろをぬろう）

	★	★★	★★★
①しん1年生にはっぴょうするために、どんなことをしましたか？	せんせいにみてもらった　☺	ともだちにみてもらった　☺	おうちのひとにみてもらった　☺
②どんなことができましたか？	たのしくかつどうすることができた　☺	げんきにはっぴょうすることができた　☺	しん1年生となかよくなれた　☺

6年生をおくるかい

年　　くみ　　名まえ

◎6年生とのおもいでを　3つかいてみよう。

①

②

③

◎6年生を　おくるかいで　はっぴょうすること

◎ふりかえろう（できたら、にこちゃんマークにいろをぬろう）

	★	★★	★★★
①けいかくをたてるはなしあいで、どんなことをがんばりましたか？	おもいでを3つかくことができた	1かいはっぴょうすることができた	なんどもはっぴょうすることができた
②ともだちのはなしをきくことができましたか？	ともだちのほうをみてきけた	ともだちのほうにおへそをむけてきけた	うなずきながらはなしをきけた

よいところみつけー2月

年　　くみ　　名まえ

①じぶんのよいところをみつけよう！

じぶんでみつけた 「よいところ」	ともだちからきいたじぶんの 「よいところ」

よいところ

> やさしい・てつだう・げんき・がんばる・はっぴょう・とうばん
> あかるい・えがお・○○がすてき・○○がじょうず・○○がとくい

② クラスのひとの　よいところをかいてつたえよう！

＿＿＿＿＿＿さん	＿＿＿＿＿＿さん	＿＿＿＿＿＿さん

いままで　よいところを　つたえていないひとにつたえよう！

うんどうをしよう

年　　くみ　　名まえ

①どうぶつあるきをしてみよう！

10 かいで☆1つ 20 かいで☆2つ 30 かいで☆3つ いろをぬろう	☆☆☆	☆☆☆	☆☆☆

②なんびょうできるかためしてみよう！

10 びょうで☆1つ 30 びょうで☆2つ 60 びょうで☆3つ いろをぬろう	☆☆☆	☆☆☆	☆☆☆

③きょうしつやおうちの中でできるうんどうをかんがえよう！

ここに やることをかこう→			
10 かいで☆1つ 20 かいで☆2つ 30 かいで☆3つ いろをぬろう	☆☆☆	☆☆☆	☆☆☆

なわとびチャンピオン

年　　くみ　　名まえ

①ひとりで　れんぞくチャレンジ！

	かたあしだけで とんでみよう	ケンパーしながら とんでみよう	じめんにかいた まるからでないよう にとんでみよう
10かいで☆1つ 50かいで☆2つ 100かいで☆3つ いろをぬろう	☆☆☆	☆☆☆	☆☆☆

②ともだちとチャレンジ‼

	ふたりでいっしょに とんでみよう	シンクロなわとび （おなじタイミングで みんなでとぼう）	れんさとび （ふたりで2ほんのなわ とびをつかってとぼう）
10かいで☆1つ 50かいで☆2つ 100かいで☆3つ いろをぬろう	☆☆☆	☆☆☆	☆☆☆

③長なわとびにもちょうせんしよう‼‼

	おおなみこなみ （1ぷんかんになんかい とべるかな？）	8のじとび （1ぷんかんになんかい とべるかな？）
10かいで☆1つ 50かいで☆2つ 100かいで☆3つ いろをぬろう	☆☆☆	☆☆☆

1年生 3月 もうすぐ2年生！

経営計画

1　できるようになったこと（シート①）
2　がんばったで賞（シート②）
3　がんばったプレートをつくろう（シート③）
4　はる休みの生活（シート④）
5　1年生おわかれかい（シート⑤）

　3月は、これまでの1年を振り返り、次の1年につなげる大切な時期です。
　次の1年を前向きに迎えられるように、「できるようになったこと」や「がんばったこと」、「春休みの生活」などについてワークシートに書かせていきます。

1　できるようになったこと（子供記入後の活用）

　この1年間でできるようになったことを振り返るワークシートです。
　おうちや学校でできるようになったことに〇を付けます。
　最後に、おうちの方に感想を書いてもらうと子供も喜びます。

2　がんばったで賞（教室掲示）

　1年間でがんばったことやできるようになったことを書かせます。シート①を使ってもよいですし、自分で考えさせてもよいです。いくつも書かせることで、1年間を振り返ることができます。

3　がんばったプレートをつくろう

　シート②で書いたがんばったことやできるようになったことの中から1つ選んで書きます。プレートには、色をつけたり、折り紙を貼ったりすると、自分だけのプレートを作ることができます。

4　はる休みの生活

　初めての春休みです。春休みの期間や次に学校に来る日を伝えて書かせて、確認をしておきましょう。
　春休みにがんばりたいことを選び、桜のはなびらに色を塗らせます。

5　1年生おわかれかい

　1年生のお別れ会を計画して行うためのワークシートです。何をしたいのかを選びます。終わったら、楽しかったかどうかを選んで色を塗ります。

できるようになったこと

年　　くみ　　名まえ

1ねんかんでできるようになったことに〇をつけましょう。

【おうちで】

じかんわりをあわせる

ねぼうせずにおきる

おてつだい

【がっこうで】

あたらしいともだち

とうばん・かかりの
おしごと

そうじ

おうちのかたにみせて、かんそうをかいてもらいましょう。

がんばったで賞

1年かんがんばったで賞

名まえ（　　　　　　　　　　　　　　）

がんばったこと・できるようになったこと

がんばったプレートをつくろう

1年生でがんばったこと

名まえ（　　　　　　　　　　　　　）

はる休みの生活

年　　くみ　　名まえ
_____

はる休みがいつからいつまでか、つぎ学こうにくるにはいつかをたしかめましょう。

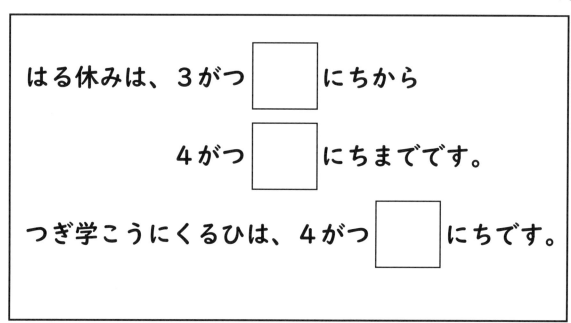

はる休みは、3がつ　□　にちから

4がつ　□　にちまでです。

つぎ学こうにくるひは、4がつ　□　にちです。

はる休みにがんばりたいことにいろをぬりましょう。いくつぬってもいいですよ。

 お手つだいをする。

 そとであそぶ。

 しゅくだいをおわらせる。

 こうつうルールをまもる。

1年生　3月　シート④

1年生おわかれかい

年　　くみ　　名まえ

いよいよ1年生がおわります。おわかれかいのめあてをかきましょう。

　　　　　　　　　　　　　　　　　　　　　　　　　　　　　　　　　　

おわかれかいでやってみたいことをえらんで、〇をつけましょう。

☆みんなでしゃしんをとる　　☆おにごっこ

☆うたをうたう　　　　　　　☆しりとり

☆フルーツバスケット　　　　☆はないちもんめ

☆きょうしつのかざりつけ　　☆はんかちおとし

おわかれかいは、たのしかったですか。いろをぬりましょう。

すこしたのしかった　　　たのしかった　　　とてもたのしかった

2年生 4月　楽しい新学期が始まるよ！

経営計画

1　学校でのおやくそく（シート①）
2　学きゅうの目ひょう（シート②）
3　とう番・かかりのしごと－4月（シート③）
4　自こしょうかい（シート④）
5　学校すごろく（シート⑤）

　4月は、学校をスタートする月です。去年できなかったことでも、また新しくチャレンジできます。学校にも慣れてきて、学級のことや自分の当番・係の仕事も工夫することができます。
　にこちゃんマークがあるものには、色を塗って自己評価することができます。

1　学校でのおやくそく（教室掲示）

　学校のルールや約束で、できているかを自己評価します。
　できていたら、○に色を塗ります。　　　（引用文献＝ソーシャルかるた〈東京教育技術研究所〉）

2　学きゅうの目ひょう

　学級の目標を2つのコースから選んで取り組むことができます。コースを選んでやったら、みんなで発表し合って、学級目標を決めます。時間が余った場合は、絵を描かせて、色塗りさせるといいでしょう。

3　とう番・かかりのしごと－4月（子供記入後の活用）

　（　）の中に、当番と係の仕事を書き入れます。いつ、何をするかの内容を書かせます。7月に4～7月の4か月間、仕事ができたかを、にこちゃんマークに色を塗って振り返ります。

4　自こしょうかい

　自分の名字でも下の名前でもいいので、考えやすい方を選んで、「あいうえお作文」で作ります。作ったら、友達に自己紹介をします。何人に自己紹介できたかをにこちゃんマークに色を塗って振り返ります。

5　学校すごろく

　あいているところに問題を作って書かせます。人それぞれのすごろくができあがります。WEBサイコロを使って、友達と一緒にすごろくを楽しむことができます。

学校でのおやくそく

年　　くみ　　名まえ

学校でのおやくそくで、できていたら〇にいろをぬりましょう。

あそぶまえ つぎのじかんの よういして 〇 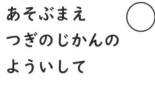	できるかな いつものしせいは ピンピタグー 〇 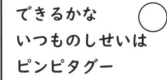

えんぴつは
いつもけずって
きれいなじ　〇

かくときは
いっかくいっかく
ていねいに　〇

まっすぐに
せんをひくとき
じょうぎをあてる　〇

ノートには
いつもはさもう
したじきを　〇

ほかのひと
はなしているとき
しゃべらない　〇

あるこうね
ろうか・かいだん
みぎがわつうこう　〇

ぬいだくつ
かかとをそろえて
くつばこへ　〇

学きゅうの目ひょう

年　　　くみ　　　名まえ

学きゅうの目ひょうは、1年間の目ひょうです。
どんな学きゅうにしたいかをコースをえらんできめましょう。

【えらんでみようコース】
つぎの中から、えらんで〇をつけましょう。

（　　　）いろいろなことにチャレンジしよう

（　　　）みんななかよく楽しいクラス

（　　　）元気　やる気　本気

【かんがえてみようコース】
自分で考えて、かいてみよう。えをかいてもいいよ。

とう番・かかりのしごと－4月

年　　くみ　　名まえ

（　　　　　　　　　　　　　　　　　　）のしごと

いつ：

内よう：

（　　　　　　　　　　　　　　　　　　）のしごと

いつ：

内よう：

◎ 7月にふりかえりをしよう。

がんばった

すこしできた

よくできた

自こしょうかい

年　　くみ　　名まえ

◎自分の名まえをつかって、作ってみよう。

れい　　お・・・大きな声の
　　　　が・・・がんばりやさん
　　　　わ・・・ワクワクすることが大すきな　おがわです。

◎作ったもので、友だちに自こしょうかいをしよう。

1人にできた

2人にできた

3人いじょうにできた

学校すごろく

年　　くみ　　名まえ

◎すごろくを作って、友だちとやってみよう。

あいているところに、もんだいを作ってかいてね！
できあがったら、けしごむをおいて、友だちとやってみよう！
さいしょに、ゴールした人がかちです。

▲
WEB サイコロ

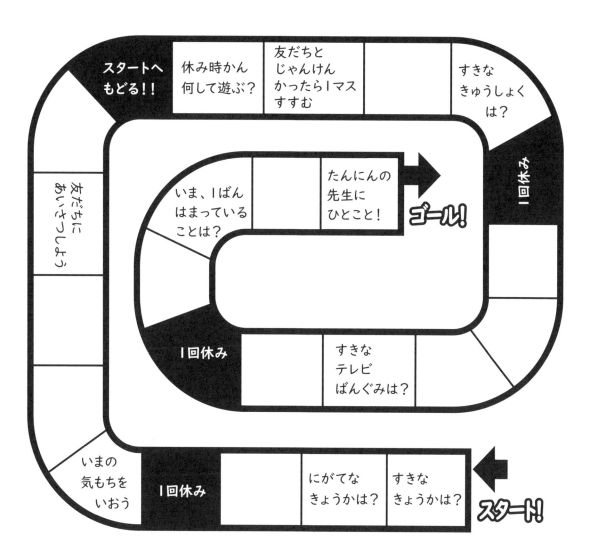

2年生 5月

友達と仲良くなろう！

経営計画

1　じょうずなはなしかたとききかた（シート①）
2　とけいとじかん（シート②）
3　ともだちのよいところみつけ①（シート③）
4　サイコロトーキングをしよう（シート④）
5　ノートのつかいかたチャンピオン（シート⑤）

　5月は、進級後1か月が経ち、新しい生活に慣れてきたころです。一方で慣れがトラブルにつながる時期でもあります。ゴールデンウィーク明けには、学校に通いづらくなる子供たちもいます。

　「時間を守ること」を確認するとともに、居心地のよい学級にするための活動を取り入れることが大切です。そこで、お互いのよいところを見つけたり、サイコロを使って楽しく話し合ったりする活動ができるワークシートをご用意しました。子供たちと楽しみながら取り組んでください。

1　じょうずなはなしかたとききかた

　上手な話し方と聞き方を知り、やってみるためのワークシートです。話し方、聞き方それぞれに3つずつのポイントが書いてあります。上手にできたと思ったら〇を塗ります。

2　とけいとじかん

　時間を守ることについて話し合い、1週間時間を守って生活できたかを確認するためのワークシートです。何の時間を守るのかを決め、書いておきます。1週間後にできたかどうかを自分で評価します。

3　ともだちのよいところみつけ①

　友達のよいところを見つけるためのワークシートです。4人まで書くことができます。

4　サイコロトーキングをしよう

　サイコロを転がして出た目のテーマをグループで話し合うためのワークシートです。

5　ノートのつかいかたチャンピオン

　ノートの使い方でよいものを選ぶ大会を行うためのワークシートです。
　言葉が書いていないマスには自分で好きな言葉を書くことができます。

じょうずなはなしかたとききかた

年　　くみ　　名まえ

じょうずなはなしかたとききかたができたら、〇にいろをぬろう！

じょうずなはなしかた

大きなこえではなすことができた。　〇

えがおではなすことができた。　〇

きく人のほうを見てはなすことができた。　〇

じょうずなききかた

はなす人のほうを見てきくことができた。　〇

うなずきながらきくことができた。　〇

さいごまでいいしせいできくことができた。　〇

〇をいくつぬれたかな  こ

とけいとじかん

年　　くみ　　名まえ

なにを、なんじまでにするかを書きましょう。１しゅうかんたったら、〇をつけます。
まい日できたら◎、だいたいできたら〇、あまりまもれなかったら△を書きます。

	じ　　　　ふんまで	
	じ　　　　ふんまで	
	じ　　　　ふんまで	
	じ　　　　ふんまで	
	じ　　　　ふんまで	

かんそうを書きましょう。

ともだちのよいところみつけ①

年　　くみ　　名まえ

（名まえ）	
	さん

（名まえ）	
	さん

（名まえ）	
	さん

（名まえ）	
	さん

サイコロトーキングをしよう

年　　くみ　　名まえ

サイコロをふって、出た目のテーマについてグループではなしあおう。
おもいつかないときは、パスをしてもいいです。

	テーマ	
⚀	すきなたべものと にがてなたべもの	
⚁	たからもの	
⚂	ほしいもの	
⚃	〇〇さんのすてきなところ	
⚄	すきなあそび	
⚅	すきなべんきょう	

ノートのつかいかたチャンピオン

年　　くみ　　名まえ
_____

できたところに花まるを書きましょう。
すべての花まるが書けたらチャンピオンです。

こく書くことができた	大きく書くことができた	ていねいに書くことができた

じょうぎをつかってせんをひくことができた	マスからはみださないように書けた	

かんそうを書きましょう。

2年生 6月 さがそう！ 見つけよう！

経営計画

1 ひなんくんれんにそなえよう（シート①）
2 花と虫をさがそう（シート②）
3 アルファベットをさがそう 学校へん（シート③）
4 アルファベットをさがそう 町たんけんへん（シート④）
5 タイピングチャンピオン（シート⑤）

　2年生の6月は、できることが増えてくる時期です。たくさんのものに気づく豊かな経験をさせていけるようなワークシートを作成しました。植物や生き物などの自然への気づきにつながり、そして避難訓練やアルファベットなどは社会への気づきにつながります。友達とつながることができるワークシートもあります。

1 ひなんくんれんにそなえよう

　火事・地震・不審者が来た場合、どのように避難をするかを知ります。まずは矢印をなぞっていくことで、避難の仕方を学べるようにしました。なぞった後は、避難の仕方を自分の文でまとめていくことで学んでいき、避難の仕方を深めていけます。

2 花と虫をさがそう

　1年生の時は、どんな生き物や花がいたかを探す経験をしています。このワークシートでは、友達との Jamboard による共同作業を通して、分布からの気づきを書けるように意図しています。例えば、学校には花がたくさんあると子供が気づいた時に、自然だけでなく社会全体のしくみに気づくきっかけとなります。

3 アルファベットをさがそう 学校へん

　学校探検の応用編として、学校を回りながらアルファベットを見つけられるようにワークシートを作成しました。ルーブリックをつけてあるので、さがす目標を自分で立てられるようにしました。

4 アルファベットをさがそう 町たんけんへん

　学校編から一歩進んで、アルファベットの数も意識させるルーブリックにしました。町たんけんをする際には、他のこともメモしますので、「目についたものを全て書きなさい」という向山洋一氏の指示を言うとよいでしょう。

5 タイピングチャンピオン（教室掲示用）

　アルファベットやローマ字体を書いたり、習ったりすること自体は3年生の内容です。このワークシートでは、タイピングをする度に色を塗りレベルアップしていきます。
　おすすめのタイピングゲームの QR コードも付けてあります。

ひなんくんれんにそなえよう

年　　くみ　　名まえ
_____

①やじるしを赤えんぴつでぬろう。②つづきの文を書こう。

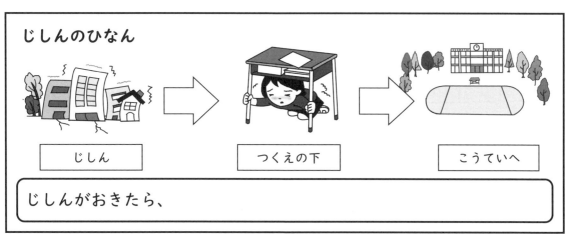

じしんのひなん

| じしん | つくえの下 | こうていへ |

じしんがおきたら、

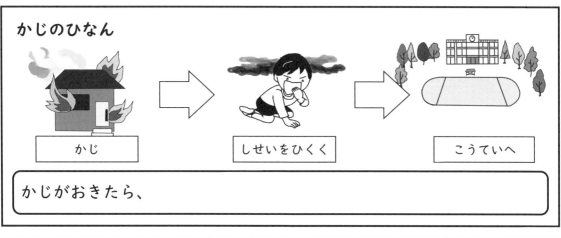

かじのひなん

| かじ | しせいをひくく | こうていへ |

かじがおきたら、

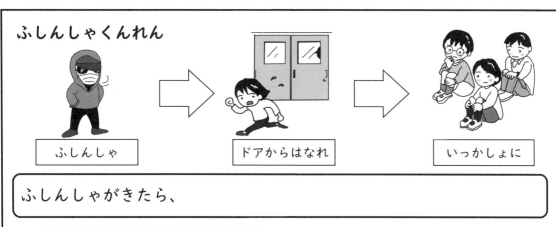

ふしんしゃくんれん

| ふしんしゃ | ドアからはなれ | いっかしょに |

ふしんしゃがきたら、

花と虫をさがそう

年　　くみ　　名まえ

①ジャムボードに入ろう。
②見つけた虫や花がいたところに動かしてみよう。

花と虫さがし　どこに多いかな

学校

Super　みらい

お店

公えん

校てい

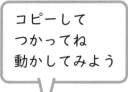

コピーして
つかってね
動かしてみよう

教しつ

森

気づいたこと

アルファベットをさがそう　学校へん

年　　　くみ　　　名まえ

①星をいくつとるかきめよう。
②学校で見つけたアルファベットをメモしよう。

（空欄）

星の数	★	★★	★★★	とった星の数
見つけたアルファベットの数	3こ	10こ	10こより多い	こ
きょうりょく	友だちに3こ教えたよ	友だちに6こ教えたよ	3人より多くの友だちに3こ教えたよ	こ
ばしょ	3このばしょにいったよ	10より多いばしょにいったよ	20より多いばしょにいったよ	こ
ワォ！WOW！	友だちのしらないアルファベットを1こ見つけたよ	友だちのしらないアルファベットを3こより多く見つけたよ	じぶんでめあてをかんがえたよ（じゆうに書いてみよう）	こ
全部で				こ

星の数

0～2こ
がんばったね！

3～5こ
すごい！

6こより多い
すばらしい！

アルファベットをさがそう 町たんけんへん

　年　　くみ　　名まえ

①星をいくつとるかきめよう。
②町で見つけたアルファベットをメモしよう。

星の数	★	★★	★★★	とった星の数
見つけたアルファベットの数	3こ	10こ	10こより多い	こ
きょうりょく	友だちに3こ教えたよ	友だちに6こ教えたよ	3人より多くの友だちに3こ教えたよ	こ
アルファベットを書いた数	見つけたものを1こ書いたよ	見つけたものを5こ書いたよ	見つけたものを10こより多く書いたよ	こ
ワォ！WOW！	友だちのしらないアルファベットを1こ見つけたよ	友だちのしらないアルファベットを3こより多く見つけたよ	じぶんでめあてをかんがえたよ（じゆうに書いてみよう）	こ
全部で				こ

星の数

0〜2こ
がんばったね！

3〜5こ
すごい！

6こより多い
すばらしい！

タイピングチャンピオン

年　　くみ　　名まえ

① タイピングをぬろう。
② 数字のぶんクリアしたら、1こずつ色をぬろう。

 こっこレベル

15	20	30	40	50	100

 ひよこレベル

6	7	8	9	10

 たまごレベル

1	2	3	4	5

できた日のきろく　○日と書こう。

5かい	10かい	50かい	100かい
日	日	日	日

出典　こどもタイピング
https://typing.twil.me/game/3880

2年生 7月 みんなで楽しもう！

経営計画

1　まちたんけん（シート①）
2　あいさつチャンピオン（シート②）
3　なつ休みの生活クイズ（シート③）
4　どれだけ大きくなったかな（シート④）
5　おたのしみかいをしよう（シート⑤）

　もうすぐ子供たちが楽しみにしている夏休みが始まります。でも、きまりを守らないと楽しくありません。夏休みの生活については、クイズで楽しみながら学べるシートになっています。また、どれだけ挨拶ができたかや大きくなったかを楽しみながらチェックできるものもあります。お楽しみ会では「みんなで楽しむには何をすればいいか」を考えて記入できるシートになっています。

1　まちたんけん（教室掲示）

　町探検を終えて、「一番心に残ったこと」をシートにまとめて発表します。ロイロノートなどで提出してみんなのシートをみて交流するのもいいですね。

2　あいさつチャンピオン（子供記入後の活用）

　自分から挨拶ができたときに葉っぱを1枚塗るようにします。1日に5〜10個ぐらい塗ることができる時もあるので満足度が高くなります。葉っぱが全部塗れたら、トロフィーも塗って「あいさつ名人」として掲示したりミニ賞状として渡したりすることもできます。

3　なつ休みの生活クイズ

　夏休みに守ってほしいことをクイズ形式でできるシートです。できた人は色塗りをして時間調整をします。

4　どれだけ大きくなったかな

　健康カードをみて、身体測定の結果をシートに書き込みます。1年生の時とくらべて大きくなったのかがわかるシートになっています。

5　おたのしみかいをしよう

　お楽しみ会の企画書に挑戦します。「みんなで楽しむために」すること、する人、準備するものを記入できるシートになっています。

まちたんけん

年　　くみ　　名まえ

◎まちたんけんをして、みんなにしらせたいことを書こう。

絵をかこう

おすすめのばしょは、　　　　　　　　　　　　　です。

りゆうは、

あいさつチャンピオン

年　　くみ　　名まえ

　じぶんからすすんであいさつができたらはっぱを１つぬろう。ぜんぶぬれたらあいさつチャンピオン！　トロフィーにいろをぬろう。

あいさつ名人

名まえ（　　）

おはよう・いってきます・こんにちは・さようなら・
ただいま・いただきます・ごちそうさま　など

なつ休みの生活クイズ

年　　　くみ　　　名まえ

なつ休みは、つぎの車のおせわになってはいけません。
どんな車かな？

① 赤い車です。子どもだけで花火をしてきけ
んなことになったり、火あそびをしたりし
ているとウーウーとやってきます。

（　　　　　　　　　　）

② 白い車です。ジュースをのみすぎたり
アイスばかりたべすぎるとおなかがい
たくなって、いのちのきけんがある
ときピーポーピーポーとやってきます。

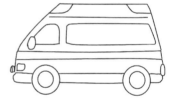

（　　　　　　　　　　）

③ 白とくろの車です。おみせでお金をはら
わずにおかしなどをとったりするとやっ
てきます。

（　　　　　　　　　　）

できたら車にいろをぬりましょう。

どれだけ大きくなったかな

年　　くみ　　名まえ

　どれだけ大きくなったかな。けんこうカードをみて書きこみましょう。

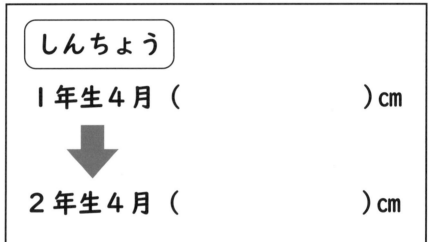

しんちょう

1年生4月（　　　　　　）cm

⬇

2年生4月（　　　　　　）cm

たいじゅう

1年生4月（　　　　　　）kg

⬇

2年生4月（　　　　　　）kg

おたのしみかいをしよう

年　　くみ　　名まえ

◎ おたのしみかいでやりたいこと

◎ する人

◎ じゅんびするもの

2年生 9月 自分で決めよう・確かめよう！

経営計画

1　なつ休みあけチェック（シート①）
2　2学きのめあて（シート②）
3　とう番・かかり－9月（シート③）
4　わすれものをなくそう（シート④）
5　音どくチャンピオン（シート⑤）

　2学期が始まりました。2学期に何をがんばりたいのか、クラスのためにどのようなことができるのか、自分で決めて実行していくことが大切です。自分の行動を確認するシートでは、○をつけてチェックをし、全部○なら"花丸ちゃん"を塗ることができます。花丸ちゃんがいくつたまったかで自己評価ができるようになっています。

1　なつ休みあけチェック

　まずは生活のリズムを取り戻すことが必要です。夏休み明けチェックシートでは1週間チェックすることができます。ロイロノートなどで配信し、毎日提出させることもできます。

2　2学きのめあて（教室掲示）

　2学期の目標を決めて記入します。描けたら花火や夜空を塗ります。
　そのまま後ろに掲示することもできます。

3　とう番・かかり－9月（教室掲示）

　黒板係、配り係、体育係など係や当番を決めたらそのメンバーで写真をとり、メンバー欄に貼り付けます。そして、「すること（仕事内容）」を記入します。顔写真があると「誰がどの係か」が、文字だけよりもわかりやすいです。（もちろんメンバーを記入してもかまいません）そのまま掲示して使えます。

4　わすれものをなくそう

　忘れ物を無くすためのチェックシートです。生活チェックと同じで○をつけてチェックをし、全部○なら"花丸ちゃん"を塗ることができます。花丸ちゃんがいくつたまったかで自己評価ができるようになっています。

5　音どくチャンピオン

　1回読んだら1つ○を塗ります。国語の音読カードの代わりに使えます。
　わくわく島、おんどく島を通過してゴールを目指します。

なつ休みあけチェック

年　　くみ　　名まえ

◎生かつチェックをしよう。できたら○をつけます。

	/	/	/	/	/
よる9じまでに ねた					
あさごはんを たべた					
はみがきをした					
ぜんぶ○だったら、花まるちゃんにいろをぬろう					

花まるが1〜2こ
もう少し

花まるが3〜4こ
いいね！

花まるが5こ
すばらしい！

2学きのめあて

二学きはこれをがんばる！

名まえ（　　　　）

とう番・かかり－9月

かかり

メンバー　　しゃしんをはりつけてもいいよ

すること

みんなに
メッセージ

わすれものをなくそう

年　　くみ　　名まえ

　わすれものを１つもしなかったら花まるちゃんにいろをぬろう。わすれてしまったものがあれば、□に書いてあしたはわすれないようにしよう。

	日 (月)	日 (火)	日 (水)	日 (木)	日 (金)
わすれものを１つもしなかった					
わすれてしまったものを書こう (しゅくだい・ふでばこ・ハンカチなど)					

花まるが０〜１こ
もう少し

花まるが２〜４こ
いいね！

花まるが５こ！
すばらしい！

音どくチャンピオン

年　　くみ　　名まえ

　１かい音どくしたら○を１つぬろう。わくわくじま、おんどくじまをとおって、ゴールをめざそう。

なにをよんだか書こう

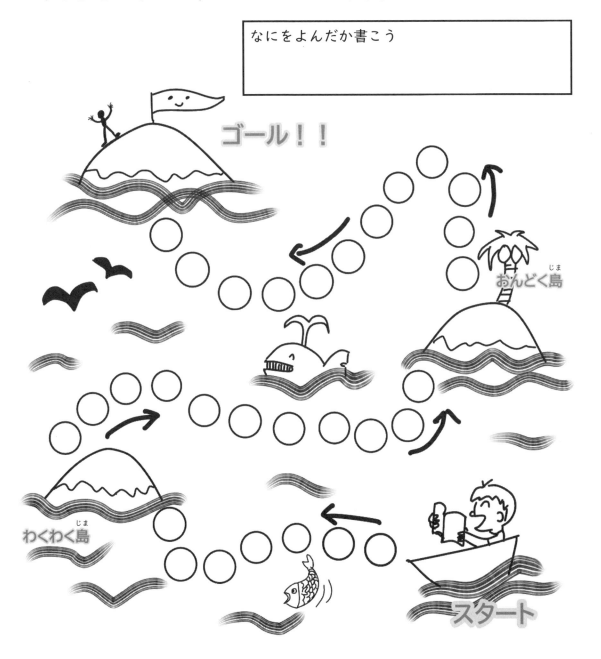

2年生 10月 がんばろう・ありがとう

経営計画

1　うんどうかいがんばるぞ（シート①）
2　よいところみつけ②学きゅうへん（シート②）
3　せいりせいとんのじゅつ（シート③）
4　そうじ名人になろう（シート④）
5　ありがとうたつ人になろう（シート⑤）

　10月は、運動会や音楽会など、自分でがんばったり、友達と力を合わせたりする行事がある月です。目標を決め実行し振り返ったり、学級のよいところを見つけたりすることで、自分や学級の成長を感じることができるワークシートになっています。
　すべてのワークシートは、忍者修業をしていく形の楽しいシートになっています。

1　うんどうかいがんばるぞ（教室掲示）

　運動会前に、「みんなでがんばりたいこと」を話し合い1つ決めて書きます。次に、自分ががんばりたいことを2つ書きます。運動会が終わったら、がんばった分だけ手裏剣に色を塗り、振り返りをします。ワークシートは掲示し、お互いのがんばりを見合うとよいです。

2　よいところみつけ②学きゅうへん（子供記入後の活用）

　5月、友達のよいところを見つけました。今回は、学級のよいところを見つけます。忍者が持っている札の5つの場面で、学級のよいところをいくつ書けたかによって、自己評価できるワークシートになっています。記入後、友達と交換して読み合うのがおすすめです。

3　せいりせいとんのじゅつ（シートのQRコードから、Googleスライドを使うことも可能）

　「学校のロッカーや机の中には、何をどこに入れるか」を学級で話し合い、「整理整頓の術」として決めます。その術を使って整理整頓します。しばらくしたら、自分のロッカーや机の中の写真をとり、「整理整頓の術」が使えているか自己評価します。

4　そうじ名人になろう

　「掃除名人になるための5つの技」を学級で話し合い決めます。掃除後、「掃除級表」のできた技のところに色を塗ります。1回目なら「1」、2回目なら「2」……のところを塗ります。横1列そろうと、左に書かれた級がもらえます。最終的に、「掃除名人」を目指すワークシートです。

5　ありがとうたつ人になろう

　「ありがとう」と伝えることができたら、スタートから順番に1つ手裏剣を塗ります。途中には、相手を指定したマスもあります。どこまで塗れたかで自己評価します。

うんどうかいがんばるぞ

年　　くみ　　名まえ

☆ みんなでがんばりたいこと

◇ ◆ ◇ ◆ ◇ ◆ ◇ ◆ ◇ ◆

☆ じぶんががんばりたいこと①

◇ ◆ ◇ ◆ ◇ ◆ ◇ ◆ ◇ ◆

☆ じぶんががんばりたいこと②

◇ ◆ ◇ ◆ ◇ ◆ ◇ ◆ ◇ ◆

うんどうかいは、がんばれたでござるか？
「がんばりたいこと」がどのくらいできたか、
しゅりけんにいろをぬるでござる。

よいところみつけ②学きゅうへん

年　　くみ　　名まえ

この５つのばめんで、学きゅうのよいところはどこじゃ？５つ書けたら、さいこうじゃぞ。

じゅぎょう中　　休みじかん

きゅうしょく　　そうじ中　　そのほか

せいりせいとんのじゅつ

年　　くみ　　名まえ

ロッカー、つくえの中には、なにをどこに入れるか、みんなできめるでござる。

じぶんのロッカーやつくえの中のしゃしんをとり、できているだけ、しゅりけんをぬるでござる。

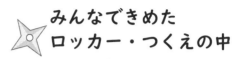
みんなできめた
ロッカー・つくえの中

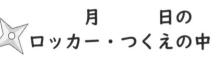
月　　日の
ロッカー・つくえの中

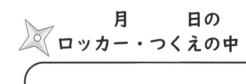
月　　日の
ロッカー・つくえの中

そうじ名人になろう

年　　くみ　　名まえ

みんなで、「そうじ名人になるための５つのわざ」をきめるでござる。

✦ そうじきゅうひょう ✦

わざができたら、１かい目は「１」、２かい目は「２」……をぬるでござる。よこにぜんぶできたところまでが、あなたのきゅうになるでござる。

そうじ名人になるための５つのわざ	①	②	③	④	⑤
10 きゅう	1				
9 きゅう	2	1			
8 きゅう	3	2	1		
7 きゅう	4	3	2	1	
6 きゅう	5	4	3	2	1
5 きゅう	6	5	4	3	2
4 きゅう	7	6	5	4	3
3 きゅう	8	7	6	5	4
2 きゅう	9	8	7	6	5
1 きゅう	10	9	8	7	6
名人	11	10	9	8	7

ありがとうたつ人になろう

年　　くみ　　名まえ

「ありがとう」はいわれると、うれしくなることばでござる。たくさんの人に、「ありがとう」をつたえるでござる。

「ありがとう」をつたえたら、スタートからじゅんに一つしゅりけんをぬるでござる。大きいしゅりけんにきたらストップ。そこに書かれているあい手に「ありがとう」をつたえたら、さきにすすめるでござる。

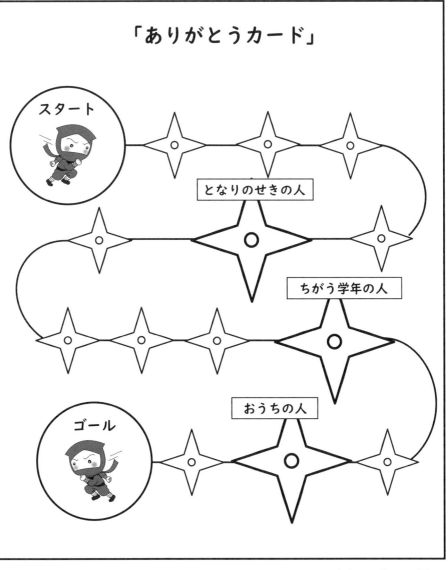

「ありがとうカード」

スタート

となりのせきの人

ちがう学年の人

おうちの人

ゴール

<table>
<tr><td>2年生
11月</td><td># 生活を見直そう！</td></tr>
</table>

経営計画

1　本をしょうかいしよう（シート①）
2　あきあつめ　しょくぶつ（シート②）
3　学校生活をふりかえろう（シート③）
4　「し」をつくってみよう（シート④）
5　「校く」すごろく（シート⑤）

　2学期も終盤にさしかかる11月。行事も終え、ようやく学校生活も落ち着きを取り戻す頃です。読書の楽しさ、そして移りゆく自然の美しさに気づかせたい時期です。QRコードからJamboardのコンテンツに行けます。ワークシートか、Jamboardかを、子供たちが自分で選んで活動することができます。

1　本をしょうかいしよう（教室掲示）

　好きな読書カードを選ばせることで、子供がより意欲的に取り組むようになるでしょう。1枚1冊が基本です。色を塗らせたり、絵を描かせたりしてもよいでしょう。お気に入りを1枚選ばせ、教室背面に掲示するのもよいでしょう。

2　あきあつめ　しょくぶつ（教室掲示・ファイル化）

　生活科で「秋あつめ」を行います。秋だけでなく、季節ごとに取り組んで、比べさせてもよいでしょう。見つけたものを拾って糊で貼って、「わくわく図鑑植物はかせ」で調べると、「オリジナル秋事典」を作ることもできます。

3　学校生活をふりかえろう（子供記入後の活用）

　2年生も折り返し地点を過ぎました。1年生にとってのお兄さん、お姉さんとして、自分のことがきちんとできたかを確認させる時期です。また、3年生に向けて意識させたいことを書くことで、中学年に向け、少しずつ準備を始めることができます。

4　「し」をつくってみよう

　「詩」の作成では、事実の描写を通して、少しずつ感じたことが表現できるようになることを目指します。身の回りで起こったこと、見たもの、聞いたもの、食べたものなど、より詳しく書けるようなフォーマットになっています。

5　「校く」すごろく

　生活科で、身近な場所について学びます。探検してわかったこと、校区にあるもの、など伝え合います。地域の実態に応じて、実際にあるお店の名前を入れてもよいでしょう。Jamboard版はより詳しいものになっています。

本をしょうかいしよう

年　　くみ　　名まえ

本の名まえ	イラスト

おすすめど

おきにいりのシーン

♪おすすめど♪

おすすめどは（☆☆☆）
です。

りゆうを書こう

あきあつめ しょくぶつ

年　　くみ　　名まえ

ひろったものをはったり、えをかいたりしよう。

ばしょ	ひろったもの、みたもの
学　校	
こうえん	
そのた	

いちばんのおきにいりは
....
です。りゆうは
....

....

学校生活をふりかえろう

年　　　くみ　　　名まえ

1	字をていねいに、書けた。	☆ ☆ ☆ ☆ ☆
2	すすんではっぴょうした。	☆ ☆ ☆ ☆ ☆
3	えんぴつを毎日けずった。	☆ ☆ ☆ ☆ ☆
4	わすれものをしなかった。	☆ ☆ ☆ ☆ ☆
5	ともだちにやさしくできた。	☆ ☆ ☆ ☆ ☆
6	毎日にっきを書いた。	☆ ☆ ☆ ☆ ☆
7	とうばんのしごとができた。	☆ ☆ ☆ ☆ ☆
8	そうじをていねいにした。	☆ ☆ ☆ ☆ ☆
9	毎日あいさつをした。	☆ ☆ ☆ ☆ ☆
10	はんかちとちりがみをもってきた。	☆ ☆ ☆ ☆ ☆

「し」をつくってみよう

年　　くみ　　名まえ

1　だいめいをきめよう
2　見えたもの、聞こえたものをそのまま書こう
3　なぞなぞみたいなものでもいいよ

おてほん2
だいめいを
あててね

？？？？？？

ふわふわして
あかくて
あまくて
つめたくて
おいしいよ
またおまつりで
たべたいな

おてほん

たこ

足が　八本
くねくね動く
あぶなくなると
すみを　はくよ

◎「し」を１つ書きましょう。

「校く」すごろく

年　　くみ　　名まえ

スタート

→

学校やいえのちかくの
としょかんの名まえを
言おう

→

右となりの子と
ハイタッチ

おすすめのこうえんの
すきなゆうぐを
１つ言おう

←

おすすめのこうえんを
１つ言おう

学校に一番ちかい
川の名まえを言おう

→

学校から見える山または
おみせ、どちらかの
名まえを言おう

２つ
もどる

←

まちではたらく人を
一人言おう
（例）おまわりさん

←

「こ」からはじまる
まちにあるものを
言おう。

よくいくスーパー
マーケットの名まえを
言おう

おめでとう！ゴールだよ。
次のばんがきたら、さいころをふろう
　　１・２がでたら・・・けんけん５回
　　３・４がでたら・・・スキップ５回
　　５・６がでたら・・・先生にあいさつ

2年生 12月 いろいろなことにちょうせんしよう！

経営計画

1　お手つだいをしよう（シート①）
2　年がじょうを書いてみよう（シート②）
3　冬休みの生活（シート③）
4　せいりせいとん－12月（シート④）
5　あんしょうチャンピオン（シート⑤）

　12月は、新年を迎えるにあたって、身の回りを整理したり家の手伝いをしたりと季節を感じさせることが大切です。そのため、体験することや写真によってメタ認知したりできるワークシートになっています。

1　お手つだいをしよう

　1年生の生活科で家庭のために自分ができることをするということを学習しています。2年生でも楽しみながら、達成感を味わえるようにビンゴカードになっています。

2　年がじょうを書いてみよう

　2年生の国語科で、手紙を書く学習が多く設定されています。その学習を生かして書かせることで、習熟させることができます。必要な項目にチェックを入れて確認しながら書き進めることができます。

3　冬休みの生活

　3学期初めの学級活動でも、冬休みの課題としても、取り組ませることができるシートです。

4　せいりせいとん－12月

　自分で整理整頓したいところを選ばせることで主体性を生みます。またタブレット端末を活用して写真を撮り、振り返ることでメタ認知することができます。シートをコピーすれば何度でも取り組ませることが可能です。

5　あんしょうチャンピオン

　教師に聞いてもらうことをルールとして伝えます。最初は授業の中で示すとよいでしょう。厳しく、少しでもつっかえたらアウトとします。そうした方が子供たちは熱中して取り組みます。

お手つだいをしよう

年　　くみ　　名まえ

お家のお手つだいにちょうせんしよう。
お手つだいができたら、丸をつけてビンゴをめざそう。
空いているますには、好きなお手つだいを書こう。

せんたくもの たたみ	しょっき はこび	そうじきを かける	ごみを出す	おふろそうじ
まどをふく	つくえふき	おはしを ならべる	つくえふき	せんたくもの たたみ
かんきをする	しょっき あらい		りょうりを 手つだう	おつかい
おふろそうじ	ごはんを はこぶ	へやそうじ	せんたくものを ほす	そうじきを かける
ゆうびんぶつ をもってくる	おはしを ならべる	りょうりを 手つだう	しょっき はこび	げんかん そうじ

できたビンゴの数　□　ビンゴ

年がじょうを書いてみよう

年　　くみ　　名まえ

下の手じゅんの通りに年がじょうを書こう。
できたら□にチェックを入れよう。

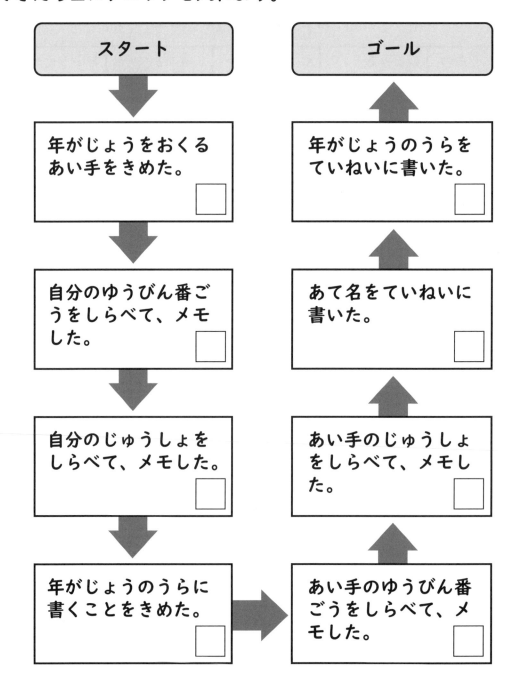

スタート	ゴール
年がじょうをおくる あい手をきめた。 □	年がじょうのうらを ていねいに書いた。 □
自分のゆうびん番ご うをしらべて、メモ した。 □	あて名をていねいに 書いた。 □
自分のじゅうしょを しらべて、メモした。 □	あい手のじゅうしょ をしらべて、メモし た。 □
年がじょうのうらに 書くことをきめた。 □	あい手のゆうびん番 ごうをしらべて、メ モした。 □

冬休みの生活

年　　くみ　　名まえ

冬休みの生活をふりかえり、できたことの〇に色をぬりましょう。

毎日あいさつすることができた　〇

早ね早おきができた　〇

新年のあいさつをすることができた　〇

家の手つだいをすることができた　〇

毎日手あらいうがいをした　〇

交通ルールをまもることができた　〇

ぬれた〇の数　　　　　こ

せいりせいとん―12月

年　　くみ　　名まえ

せいりせいとんしたいところ

今のようすのしゃしん

どうしたらせいりせいとんできるかな？

1週間後のようすのしゃしん

ふりかえり

あんしょうチャンピオン

年　　くみ　　名まえ

学しゅうした文をおぼえて、先生にきいてもらいましょう。
たくさんおぼえて王かんに色をぬり、チャンピオンを目ざそう。

【にゅうもん】
1つできた
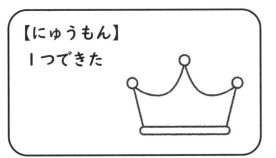

【セミプロ】
3つできた

【プロ】
5つできた
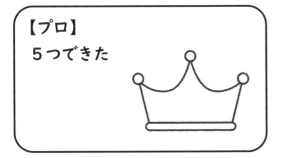

【トッププロ】
8つできた
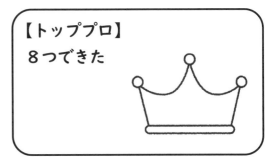

【名人】
10こできた
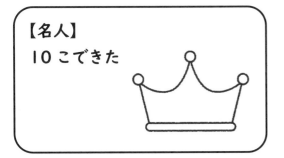

【達人】
12こできた
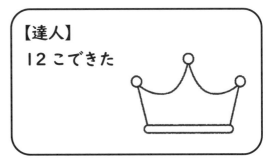

【チャンピオン】
15こできた
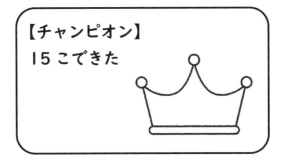

2年生 1月 気持ちを切り替えよう!

経営計画

1　ことしの目ひょう（シート①）
2　とう番・かかり−1月（シート②）
3　冬あそび（シート③）
4　お年玉（シート④）
5　とうげこう（シート⑤）

　新しい年を迎える1月は、「1年の計は元旦にあり」と言われるように1年間の目標を立てるのにぴったりの月です。また、3年生に向けて自分たちがどのように成長してきたのかについて振り返りながらどのような1年にしたいか、考えたい時期です。

1　ことしの目ひょう（教室掲示）

　今年がんばりたいことをワークシートに書いて発表、掲示します。
　がんばりたいことの中に、「数字」を入れると振り返りがしやすくなることを指導します。
　目標を立てて終わりにならないように、時々、振り返りをさせましょう。

2　とう番・かかり−1月

　この仕事があったら、もっとクラスがよくなると思う仕事を友達と考えさせます。
　自分たちで考えることによってより学級の一員としての自覚をもつことができるようになります。自分はクラスの役に立っているという自己有用感をもたせたいです。

3　冬あそび

　冬にしかできない遊びについて、うすい字をなぞり、実際に遊ぶ活動を取り入れます。そのあとで、もっと楽しくできる遊びはないか友達と考え、考えたことを共有する時間を取ることで、ただ楽しむだけで終わらないようにしたいです。

4　お年玉

　お年玉の由来や意味を知らない子供たちに、お年玉の由来を知ってもらいましょう。
　ワークシートのうすい字をなぞりながら学び、神様からいただいた魂を心にきざみ、そして使い方を考えられるようにしたいです。

5　とうげこう

　登下校は教師の目が行き届きません。子供たちが、気をつけるべきことをしっかりと理解し、実行できることが大切です。どのようなことに気をつけたらよいのか考えさせ、子供たちがセルフチェックできるワークシートにしました。

ことしの目ひょう

年　　くみ　　名まえ

◎ことしがんばりたいことを書きましょう。

◎どのくらいやりたいか書きましょう。
（すう字を書いてみよう。10回、1ページなど。）

◎できたかどうかふりかえりをしましょう。

1月	2月	3月
1月のきろく	2月のきろく	3月のきろく
かんそう	かんそう	かんそう

とう番・かかり－1月

年　　くみ　　名まえ

◎2学きのしごとはなんでしたか？

◎もっとこんなしごとがあったらいいというしごとを書きましょう。

れい：えんぴつけずりかかり、ごみひろいかかり、おとしものかかり
　　　パソコンよびかけかかり、しゅくだいチェックかかり

◎友だちのかんがえをきいて、いいとおもったしごとを書きましょう。

冬あそび

年　　　くみ　　　名まえ

◎お正月ならではのあそびについて、うすい字を
なぞりましょう。

たこあげ
・ねがいごとをおもいうかべながら、たこ
　を天までとどけるというあそび

ふくわらい
・年のはじめから、わらいがあふれること
　は、えんぎのいいことだというあそび

はごいた
・はねには、びょうきにならないようにと
　いうねがいがこめられているあそび

こま
・こまがまっすぐ立ってまわることから、
　ものごとがうまくいくというえんぎのい
　いあそび

★どのあそびをしてみたいですか？

お年玉

年　　くみ　　名まえ

◎お年玉のゆらい（いみ）について、うすい字をなぞりましょう。

　　1年のはじめである、お正月には、それぞれの家に、かみさまがやってくると言われていました。かみさまのために、おそなえものをよういするのです。

　　かみさまはそのおれいに「あたらしいたましい」をおくりました。

　　このたましいには、1年かん、けんこうにすごせますようにとのねがいがこめられています。

　　たましいは見ることができないことから、家の人が子どもたちに、お金をわたすようになったと言われています。

◎かみさまからいただいたお年玉を、どのようにつかいたいですか？（ちょきんする、おうちの人にあずけるなど）

とうげこう

年　　くみ　　名まえ

◎あんぜんなとうげこうができていますか？

	①白いせんのうちがわを あるいていますか？	あてはまるものを ○でかこみましょう。
	②右左右をかくにんして、手をあげておうだんほどうをあるいていますか？	あてはまるものを ○でかこみましょう。
	③人のいえに入ったり、より道したりせず まっすぐかえっていますか？	あてはまるものを ○でかこみましょう。

◎ほかに、気をつけていることを書きましょう。

2年生 2月 成功させよう！

経営計画

　2月は、6年生を送る会や、スポーツに挑戦する機会が多く設けられている月です。また、中学年への移行とクラスの締めくくりに向かう月でもあります。

　これらのことをふまえ、2月のワークシートは「子供たちの成功体験の積み重ね」をコンセプトに、挑戦意欲と達成感を効果的に引き立たせることをねらいとして作成しています。

1　6年生をおくるかいのけいかく

　6年生を送る会でやりたいことや、理由を書きます。

　ルーブリックで、自分の発表の仕方や聞き方について自己評価を行います。

　ワークシートの書き方について事前に伝えることで、話し合いの姿勢も向上し、話し合いによる成功体験を高めることができます。

2　お手がみを書こう

　今までお世話になった6年生や友達に対して、感謝の手紙を書きます。

　QRコードは、お手本のメッセージの書き方が書かれたJamboardのリンクがあります。苦手な子はそのまま活用すると、円滑に手紙を書くことができます。コピーして、学級で活用することも可能です。

3　よいところみつけ－2月

　花びらや花の中心に、学級や自分のよいところを書きます。書いた後に、色を塗ります。1つの花が完成したら、切り取って貼り合わせると、クラスの取り組みとして活用でき、可視化によって子供の意欲も高まります。

4　うんどうをしよう

　動物の動き、ジャンプ、ビニール袋を使った運動について、段階ごとに挑戦する仕様になっています。家での取り組みや、学級で挑戦する時間を設けることで、運動量を確保することができます。自分で考える欄もあるので、つくらせて子供たち同士で交流させてもいいです。

5　なわとびチャンピオン

　体育にはない課題達成型のワークシートです。友達と一緒に挑戦することによって、団結を高めることができます。しばりチャレンジは、基礎の動きを熱中して身につけることができます。

6年生をおくるかいのけいかく

年　　くみ　　名まえ

①やりたいこと　　②りゆう

③きまったこと

④ふりかえり（できたら色をぬろう）

	はっぴょう	ききかた
えらい！	じぶんのいけんを はっぴょうする	目を見て きく
すごい！	さんせいのいけんを はっぴょうする	へそをむけて きく
名人！	さんせいいけんの りゆうをつたえる	うなずいて きく

お手がみを書こう

年　　くみ　　名まえ
_____

6年生へ

①名まえ

②ぎょうじ

③ようす
④メッセージ

⑤じぶんの名まえ

▲

お手本をつかって、じぶんだけのお手がみを書こう。

さんへ

では

ともだちへ

①名まえ

②ばめん

③かんしゃの
　ことば
④メッセージ

⑤じぶんの名まえ

▲

お手本をつかって、じぶんだけのお手がみを書こう。

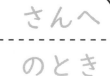

さんへ

のとき

よいところみつけー2月

年　　くみ　　名まえ

①花びらに
　ともだちのよいところ

②まん中に
　じぶんのよいところ

③書いたところから
　色をぬろう

お手本

できた花をき
りとって
よいところの
お花ばたけを
つくろう

_____さん

_____さん

じぶん

_____さん

_____さん

_____さん

うんどうをしよう

年　　くみ　　名まえ

☆できたらいろをぬろう。
　さいごは、じぶんでつくってみよう。

10日 つづけたら つぎにいこう	どうぶつ	ジャンプ	ビニール	つくって みよう
えらい！	犬あるき 10セット	しゃがんで ジャンプ 10かい	はく手して キャッチ 10かい	
すごい！	うさぎあるき 10セット	すわって ジャンプ 10かい	3かいまわって キャッチ 10かい	
名人！	かえるあるき 10セット	うつぶせ ジャンプ 10かい	ぜんてんして キャッチ 10かい	

なわとびチャンピオン

年　　くみ　　名まえ

みんなで チャレンジ 10日できたら いろをぬろう	なわとび ダッシュ チャレンジ	なわとび バランス チャレンジ	なわとび しばり チャレンジ
えらい！	まえとび スキップ	円の中で まえとび 1ぷん	かかとをうかせて まえとび 1ぷん
すごい！	まえとび ダッシュ	円の中で かた足とび 1ぷん	わきにボールをはさんで まえとび 1ぷん
名人！	うしろとび ダッシュ	円の中で 目をとじて 1ぷん	くびにタオルをかけて まえとび 1ぷん

みんなで チャレンジ 10日できたら いろをぬろう	2人で チャレンジ	だれとでも チャレンジ	長なわ チャレンジ
えらい！	せ中あわせで りょう足とび 30びょう	なわとびしながら 3人にじこしょうかい	じぶんのタイミングで れんぞくとび 5しゅう
すごい！	せ中あわせで かた足とび 30びょう	なわとびしながら おにごっこで あそぶ	あいだを1かい空けて れんぞくとび 5しゅう
名人！	校かをうたって さいごまで とびつづける	なわとびしながら 足ジャンケン 5かいかつ	あいだを空けずに れんぞくとび 5しゅう

もうすぐ3年生！

2年生 3月

経営計画

1　1年かんでできるようになったこと（シート①）
2　たのしかったランキング（シート②）
3　はる休みの生活（シート③）
4　大人になってやってみたいこと（シート④）
5　2年生おわかれかい（シート⑤）

　3月は、これまでの1年を振り返り、次の1年につなげる大切な時期です。
　次の1年を前向きに迎えられるように、「1年間でできるようになったこと」や「楽しかったこと」、「大人になってやってみたいこと」などのワークシートに取り組んでみてください。

1　1年かんでできるようになったこと

　この1年間でできるようになったことを振り返って書くためのワークシートです。
　あてはまる数だけ〇を塗ることで、振り返りをすることができます。

2　たのしかったランキング

　1年間で楽しかったものをあげて、ランキングを作るためのワークシートです。
　できごとと、その時の気もちをセットで書きます。

3　はる休みの生活

　春休みに気をつけること、春休みの楽しい過ごし方について確認を行うためのワークシートです。

4　大人になってやってみたいこと

　大人になってやってみたいことを書いて発表するためのワークシートです。
　テーマごとにやってみたいことをいくつでも書くことができます。

5　2年生おわかれかい

　2年生のお別れ会を計画して行うためのワークシートです。何をしたいのか、なぜしたいのかを整理することができます。

1年かんでできるようになったこと

年　　くみ　　名まえ

1年生のときよりもよくなったかをふりかえりましょう。
あてはまるかずだけ〇にいろをぬりましょう。
　とてもよくできるようになった…3こ　よくできるようになった…2こ
　すこしよくできるようになった…1こ

ノートをていねいに つかった	じゅぎょうでたくさ んはっぴょうした	わすれものを しなかった
〇　〇　〇	〇　〇　〇	〇　〇　〇

かん字をおぼえた	正しく計算できた	友だちにやさしく できた
〇　〇　〇	〇　〇　〇	〇　〇　〇
	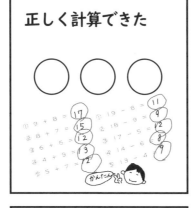	

そうじをがんばった	大きな声であいさつ をした	あとかたづけを がんばった
〇　〇　〇	〇　〇　〇	〇　〇　〇

たのしかったランキング

年　　くみ　　名まえ

　1年間たのしいことがたくさんありましたね。たのしかったことをランキングにしてはっぴょうしましょう。

だい１い	
だい２い	
だい３い	
だい４い	
だい５い	

はる休みの生活

はる休みのすごしかたについて、正しいものには○、まちがっているものには×を
書きましょう。

①よるおそくまで
　おきていてもいい
　　　（　　　）

②おうちのお手つだいを
　すすんでする
　　　（　　　）

③そとに出かけるときはいき先だ
　けをつたえておけばいい
　　　（　　　）

④しん学きのじゅんびはおうちの
　人にまかせたほうがいい
　　　（　　　）

⑤おかしをたべすぎないように
　する
　　　（　　　）

⑥休み中だから長い時間、
　ゲームをしてもいい
　　　（　　　）

大人になってやってみたいこと

年　　くみ　　名まえ

　大人になったらやってみたいことはなんですか？　下のしつもんにこたえながらかんがえてみましょう。

①いってみたいところ

②あってみたい人

③やってみたいしごと

④かってみたいもの

⑤やってみたいスポーツ

⑥たべてみたいもの

2年生おわかれかい

年　　くみ　　名まえ

　2年生がいよいよおわります。たのしくおわかれかいをして、3年生にむけてあかるい気もちですすんでいきましょう。そのためのけいかくを立てます。

おたのしみかいのめあて

	やりたいこと	りゆう
①		
②		
③		
④		
⑤		

あとがき

本書を手に取っていただいたのは、次のような理由からではないでしょうか。

〇学級活動は、何をすればいいの？
〇教科書みたいなものが、あればいいな。
〇学級活動に使えるワークシートがあるといいな。
〇学級活動より他の教科の授業に時間をかけたい。
〇学級活動で、子供を成長させられるの？
〇学級活動で評価をするのは、難しい。

　他の先生の学級活動の様子も観たいのですが、自分も授業があって観に行けません。放課後、相談したいのですが、学級活動のことで相談してもいいのだろうかと感じ、相談しにくいといったこともあります。相談して教えてもらったのでやってみたところ、その先生ならうまくいくのですが、自分の場合は、うまくいかない場合もあります。私は、これまで このような経験をしてきました。

　地域によっては「特活ノート」というものがあります。ワークシートが冊子になっており、それをなぞっていけばよいようになっています。しかし、ワークシートがあるだけで、どのような意図で、どのように使っていけばよいのかまでは記載されていません 。

　そのため、1週間に1回しかない学級活動だから、そんなに力を入れなくてもよいのではないかと思ったこともあります 。

　OECD 教育 2030 は、OECD が提唱する教育の方向性や理念、目標を示した枠組みです。2030 年までの長期的な目標として、すべての人が、個性を発揮し、持続的な発展のための能力を持ち、共生的な社会を築くために必要な力を身に付けられるよう、教育システムを改革することを目指しています 。

　その中に、OECD ラーニング・コンパス「学びの羅針盤」が開発されました。ラーニング・コンパスは、個人が自分自身の学びに関する興味や価値観、スキル、目標を評価し、自己実現のための学びの方向性を見つけることを支援するものでもあります。

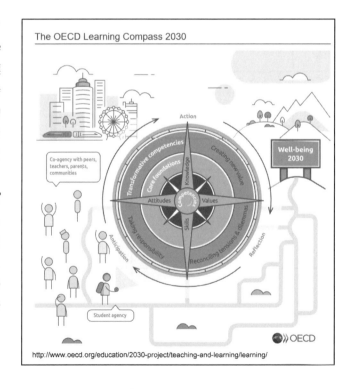

http://www.oecd.org/education/2030-project/teaching-and-learning/learning/

学習指導要領の中で学級活動の目標は、次のようになっています。

学級や学校での生活をよりよくするための課題を見いだし、解決するために話し合い、合意形成し、役割を分担して協力して実践したり、学級での話合いを生かして自己の課題の解決及び将来の生き方を描くために意思決定して実践したりすることに、自主的、実践的に取り組むことを通して、第1の目標に掲げる資質・能力を育成することを目指す。

学級活動で、課題を見いだして、話し合って解決したり、自分の課題の解決や生き方を描くための意思決定が必要であるということです。学級活動の時間は、他の教科より自分事として考えやすいという特徴があります。

友達と交流したり、子供たちが楽しんで自分のことを振り返ったりできるワークシートを本にまとめることにしました。

自己実現に向けた学びの方向性を見つけるラーニング・コンパスや学級活動の目標にも合うような作りにしました。

若い先生が、このワークシートを使って授業するために、どのような意図で、どのように使って、評価するのかを示すようにしました。

低学年は、字を書くだけでも大変です。そこで、色塗りや〇を付けるようなものを多くして、低学年であっても一台端末を使ってできるようなもの提案できるように意識しました。

読んですぐに使っていただけるように、本書は以下の特徴を備えています。

① 印刷すればすぐに使えるワークシート
② 児童の振り返りや成長がわかるようなワークシート
③ 評価に使えるワークシート
④ 行事などが違っても、どの学校でも使えるように毎月5シート掲載
⑤ 端末を使ったワークシート

楽しく交流して自分を振り返り、課題を解決したり、意思決定したりできる子が増え、子供たちの成長が見える学級活動になるために、本書が役立つことを願っています。

尾川智子

◎執筆者一覧

尾川智子　　福井県小学校教諭

利田勇樹　　東京都小学校教諭

紫前明子　　北海道小学校教諭

宮森裕太　　神奈川県小学校教諭

原田朋哉　　大阪府小学校教諭

水本和希　　神奈川県小学校教諭

野村尚也　　神奈川県小学校教諭

金木瑛実加　島根県小学校教諭

太田政男　　島根県小学校教諭

五十嵐貴弘　北海道小学校教諭

末廣真弓　　長野県小学校教諭

森本和馬　　福井県小学校教諭

加藤綾乃　　富山県小学校教諭

村上　諒　　神奈川県小学校教諭

寺田真紀子　大阪府小学校教諭

小島庸平　　東京都小学校教諭

田中稜真　　福岡県小学校教諭

小林智子　　東京都小学校教諭

◎監修者紹介

谷　和樹 (たに かずき)

玉川大学教職大学院教授。兵庫県の公立小学校担任として22年間勤
務。兵庫教育大学修士課程修了。各科目全般における指導技術の研
究や教師の授業力育成、教材開発、ICT教育等に力を注いでいる。
著書には『谷和樹の学級経営と仕事術』（騒人社）『みるみる子ども
が変化するプロ教師が使いこなす指導技術』（学芸みらい社）など多
数。学級担任として子供達と向き合いながら「どの子も大切にする
優れた教育技術」等を若い頃から向山洋一氏に学び、主にTOSSの
研究会で活動してきた。
現在はTOSS（Teacher's Organization of Skill Sharing）代表、日本
教育技術学会会長、NPO教師力プロジェクト理事長等を務める。

◎編著者紹介

尾川智子 (おがわ ともこ)

1976年7月　福井県生まれ
1999年3月　富山大学教育学部卒
2005年4月　福井県内小学校勤務
TOSS福井県代表
TOSS北陸中央事務局員
向山・小森型理科事務局員
女教師水仙サークル代表
TOSS越前所属

『教育トークライン』にて理科関連、ICT関連執筆、他多数。
『教室ツーウェイNEXT』にてICT関連執筆、他多数。

知的生活習慣が身につく
学級経営ワークシート 11ヶ月+α
1・2年

GAKUGEI
MIRAISHA

2023年4月25日　初版発行

監修者　谷　和樹
編著者　尾川智子
発行者　小島直人
発行所　株式会社学芸みらい社
　　　　〒162-0833　東京都新宿区箪笥町31 箪笥町SKビル3F
　　　　電話番号 03-5227-1266
　　　　https://www.gakugeimirai.jp/
　　　　E-mail : info@gakugeimirai.jp
印刷所・製本所　藤原印刷株式会社
企　画　樋口雅子
校　正　菅　洋子
装丁・本文組版　小沼孝至
本文イラスト　辻野裕美 他